Leibniz-Institut für Geschichte und Kultur
des östlichen Europa e.V. (GWZO)

Oskar-Halecki-Vorlesung

Gedruckt mit Unterstützung des Leibniz-Instituts für Geschichte und Kultur des östlichen Europa e.V. in Leipzig. Diese Maßnahme wird mitfinanziert durch Steuermittel auf der Grundlage des vom Sächsischen Landtag beschlossenen Haushaltes.

Der Titel ist als Open-Access-Publikation verfügbar über www.sandstein-verlag.de, DOI: 10.25621/sv-gwzo/OHV-2021

Bibliografische Information der Deutschen Nationalbibliothek: Die Deutsche Nationalbibliothek verzeichnet diese Publikation in der Deutschen Nationalbibliografie; detaillierte bibliografische Daten sind im Internet über http://dnb.d-nb.de abrufbar.

Umschlagabbildung: Leipzig, Specks Hof
Aufnahme: Bertram Bölkow
Redaktion: Wilfried Franzen
Gestaltung, Satz: Sandstein Verlag
www.sandstein-verlag.de
ISBN 978-3-95498-788-7

2021 Kriegsbedingt zerstört – wissenschaftlich rekonstruiert

Die Prussia-Sammlung aus dem Königsberger Schloss

Claus von Carnap-Bornheim

Herausgegeben von
Matthias Hardt

SANDSTEIN

Claus von Carnap-Bornheim (geb. 1957)

Der Archäologe Claus von Carnap-Bornheim war von 1999 bis 2022 Direktor des Archäologischen Landesmuseums Schloss Gottorf (seit 2009 leitender Direktor der Stiftung Schleswig-Holsteinische Landesmuseen) und ebenfalls seit 1999 Professor für Ur- und Frühgeschichte an der Christian-Albrechts-Universität zu Kiel. Darüber hinaus wirkte er als Gründungsdirektor des von ihm ins Leben gerufenen Zentrums für Baltische und Skandinavische Archäologie (ZBSA) in Schleswig und leitete zudem zwischen 2004 und 2018 das Archäologische Landesamt Schleswig-Holstein. Nach Promotion und Habilitation an der Philipps-Universität Marburg war Claus von Carnap-Bornheim Mitarbeiter im Illerup-Projekt des Forhistorisk Museum Moesgård im dänischen Århus. Seine Forschungen zu den Heeresausrüstungsopfern Südskandinaviens und zur römischen Kaiserzeit im nördlichen und östlichen Europa sind inhaltlich und methodisch wegweisend; 2017 wurde er dafür von der dänischen Königin Margrethe II. zum Ritter des Dannebrogordens ernannt. Seit 2012 leitet er gemeinsam mit Matthias Wemhof (Berlin) das Akademieprojekt *Forschungskontinuität und Kontinuitätsforschung* zu den archäologischen Funden und Archivalien aus dem ehemaligen Prussia-Museum in Königsberg

Oskar Halecki (1891–1973)

Der in Wien geborene Pole war einer der führenden Mittelalter- und Neuzeithistoriker im Polen der Zwischenkriegszeit. Auf dem internationalen Historikerkongress 1933 in Warschau prägte er die erste Grundsatzdebatte über das Selbstverständnis der historischen Teildisziplin Osteuropäische Geschichte. 1940 in die Emigration gezwungen, gründete er 1942 in New York das Polish Institute of Arts and Sciences in America. Hier entwickelte Halecki seine geschichtsregionale Konzeption Ostmitteleuropas als historischer Strukturlandschaft und verfasste seine bis heute wegweisende Gesamtdarstellung *Borderlands of Western Civilization. A History of East Central Europe* (New York 1952) sowie seine grundlegende Studie *The Limits and Divisions of European History* (London, New York 1950).

Inhalt

Einführung

Matthias Hardt

Unter den zahlreichen spektakulären archäologischen Fundkomplexen der Römischen Kaiserzeit, des frühen Mittelalters sowie der Wikinger- und Slawenzeit haben die zeitweise so genannten Opfermoore Südskandinaviens in den letzten Jahrzehnten den wohl deutlichsten Wandel in ihrer Interpretation erlebt. Wurden Plätze wie Nydam, Vimose oder Thorsberg zunächst als jahrhundertelang genutzte Orte religiöser Riten und Opferungen durch regionale Bevölkerungen angesehen,[1] so ist mittlerweile deutlich, dass zwischen dem 3. und frühen 5. nachchristlichen Jahrhundert im heutigen Schleswig-Holstein, auf der jütischen Halbinsel und einigen dänischen Ostseeinseln die Ausrüstungen besiegter fremder Kriegergruppen rituell zerstört und dann in stehenden Gewässern deponiert, man könnte auch sagen versenkt wurden, in Seen, die erst in den Jahrhunderten danach zu Mooren wurden. Die inzwischen als »Heeresausrüstungsopfer«[2] bezeichneten Fundanhäufungen ermöglichen faszinierende Einblicke in die Welt maritim operierender Männergruppen mit ihren teilweise aus römischen Fabriken stammenden Waffen, ihrer Ausrüstung, ihren Schiffen, ja sogar ihrem Schmuck und ihren Geldbeuteln.[3] Der Festredner der Jahresvorlesung 2021, Claus von Carnap-Bornheim, ist maßgeblich an diesem Paradigmenwechsel beteiligt gewesen. Seine dänische Mutter hatte ihm eine gute Kenntnis ihrer heimatlichen Sprache mitgegeben, und so lag es nahe, dass er, 1957 in Treysa in der hessischen Schwalm geboren, sich nach Schule, Reisen und Berufsausbildung zum Gesellen im Bauhauptgewerbe schließlich im Rahmen seines Studiums der Vor- und Frühgeschichte, klassischen Archäologie, Ägyptologie und Anthropologie an der Philipps-Universität Marburg[4] nach Dänemark begab, wo er Jørgen Ilkjær traf, den Ausgräber der

1 Jankuhn, Herbert: Nydam und Thorsberg. Moorfunde der Eisenzeit (Schleswig-Holsteinisches Landesmuseum für Vor- und Frühgeschichte in Schleswig. Wegweiser durch die Sammlung, Heft 3). Neumünster 1959, 35-37; Seyer, Rosemarie: Kult und Ideologie. In: Die Germanen. Geschichte und Kultur der germanischen Stämme in Mitteleuropa, Bd. 2: Die Stämme und Stammesverbände in der Zeit vom 3. Jahrhundert bis zur Herausbildung der politischen Vorherrschaft der Franken (Veröffentlichungen des Zentralinstituts für Alte Geschichte und Archäologie der Akademie der Wissenschaften der DDR 4/II). Berlin 1983, 248–269, hier 250–253; Jankuhn, Herbert: Die römische Kaiserzeit und die Völkerwanderungszeit. In: Geschichte Schleswig-Holsteins, Bd. 2: Von der Bronzezeit bis zur Völkerwanderungszeit. Hg. von Karl Wilhelm Struve, Hans Hingst und Herbert Jankuhn. Neumünster 1979, 251–416, hier 377–393, bes. 380–384, 388–393.

2 Rau, Andreas, v. Carnap-Bornheim, Claus: Heeresausrüstungsopfer Südskandinaviens – Überlegungen zu Schlüsselfunden archäologisch-historischer Interpretationsmuster in der kaiserzeitlichen Archäologie. In: Altertumskunde, Altertumswissenschaft, Kulturwissenschaft. Erträge und Perspektiven nach 40 Jahren Reallexikon der Germanischen Altertumskunde. Hg. von Heinrich Beck, Dieter Geuenich und Heiko Steuer (Ergänzungsbände zum Reallexikon der Germanischen Altertumskunde 77). Berlin/Boston 2012, 515–540.

3 v. Carnap-Bornheim, Claus, Ilkjær, Jørgen: Illerup Ådal, Bd. 5: Die Prachtausrüstungen. Textband (Jutland Archaeological Society Publications XXV:5). Århus 1996, 381.

4 Ein Ergebnis seiner Marburger Studien manifestiert sich in v. Carnap-Bornheim, Claus: Die Schwertriemenbügel aus dem Vimose (Fünen). Zur Typologie der Schwertriemenbügel der römischen Kaiserzeit im Barbarikum und in den römischen Provinzen (Kleine Schriften aus dem vorgeschichtlichen Seminar der Philipps-Universität Marburg 38). Marburg 1991.

Deponierungen im Illerup-Ådal[5], der ihn sukzessive an deren Ausgrabung und Publikation beteiligte[6] und 1985 zum Mitglied des Illerup-Projektes am Moesgård Forhistorisk Museum in Århus machte. Im Jahr 1990 wurde Claus von Carnap von Otto-Herman Frey und Helmut Roth an der Philipps-Universität mit einer Arbeit über »Perldraht und Preßblech in Mooropfern der jüngeren Römischen Kaiserzeit. Skandinavien und Schleswig-Holstein«[7] promoviert. Die Mooropferplätze ließen Claus von Carnap auch als wissenschaftlichen Mitarbeiter am vorgeschichtlichen Seminar der Marburger Universität zwischen 1993 und 1997 nicht los,[8] als er dort mit »Studien zur jüngeren Römischen Kaiserzeit im Barbaricum« habilitiert und zum Hochschuldozenten auf Zeit wurde. Er nutzte diese Phase, um zahlreiche nachhaltige[9] Kontakte auch nach Ostmitteleuropa und ins östliche Europa zu knüpfen[10] und dabei seinen chronologischen Horizont in die Frühgeschichte auszudehnen,[11] ohne seinen Bezug zur Römischen Kaiserzeit im sogenannten Barbaricum zu verlieren.[12] Es war vor diesem Hintergrund nur folgerichtig, dass ihn die Christian-Albrechts-Universität zu Kiel im Jahr 1999 zum Professor für Ur- und Frühgeschichte berief, verbunden mit der Funktion des Direktors des Archäologischen Landesmuseums im Schloss

5 Illerup-Ådal 1–12 (Jutland Archaeological Society Publications XXV: 1.1990–12.2006). Århus 1990–2011.

6 v. Carnap-Bornheim, Claus, Ilkjær, Jørgen: Illerup Ådal, Bd. 5: Die Prachtausrüstungen, Textband; Bd. 6: Die Prachtausrüstungen, Katalog, Fundlisten und Literatur; Bd. 7: Die Prachtausrüstungen, Tafelband; Bd. 8: Die Prachtausrüstungen, Fundliste (Jutland Archaeological Society Publications XXV:5–8). Århus 1996.

7 v. Carnap-Bornheim, Claus: Perldraht und Preßblech in Mooropfern der jüngeren Römischen Kaiserzeit. Skandinavien und Schleswig-Holstein. 3 Bde. Marburg 1990.

8 v. Carnap-Bornheim, Claus: Die germanische Gefolgschaft. Zur Interpretation der Mooropfer der jüngeren römischen Kaiserzeit in Südskandinavien – Ein archäologischer Diskussionsbeitrag. In: Peregrinatio Gothica III. Fredrikstad, Norway 1991. Hg. von Eldrid Straume und Ellen Skar (Universitetets Oldsaksamlings Skrifter, Ny rekke 14). Oslo 1992, 45–52.

9 Diese zeigt sich auch in der langjährigen Zusammenarbeit mit dem Prager Archäologen Vladimir Salač: Salač, Vladimir, v. Carnap-Bornheim, Claus: Ritual, Politik, Kommunikation. Oder: was geschah mit dem Kopf des Publius Quinctilius Varus? In: 2000 Jahre Varusschlacht. Mythos. Hg. vom Landesverband Lippe. Stuttgart 2009, 123–132.

10 Dies wird zum Beispiel deutlich in: Beiträge zu römischer und barbarischer Bewaffnung in den ersten vier nachchristlichen Jahrhunderten. Akten des 2. Internationalen Kolloquiums in Marburg a. d. Lahn, 20. bis 24. Februar 1994. Bearb. und hg. von Claus v. Carnap-Bornheim (Veröffentlichung des Vorgeschichtlichen Seminars Marburg, Sonderband 8). Lublin/Marburg 1994; Bewaffnung der Germanen und ihrer Nachbarn in den letzten Jahrhunderten vor Christi Geburt. Hg. von Claus v. Carnap-Bornheim, Jørn Ilkjær, Andrzej Kokowski und Piotr Łuckiewicz. Lublin 2002; Kontakt – Kooperation – Konflikt. Germanen und Sarmaten zwischen dem 1. und 4. nachchristlichen Jahrhundert. Hg. von Claus v. Carnap-Bornheim (Schriften des archäologischen Landesmuseums, Ergänzungsreihe 1; Veröffentlichung des Vorgeschichtlichen Seminars Marburg, Sonderband 13). Neumünster 2003. Gemeinsam mit Esther Istvanovits und Valeria Kulcsár veröffentlichte Claus v. Carnap-Bornheim «Магические» подвески мечей в Карпатском бассейне и Скандинавии. In: VII Донская археологическая конференция: «Проблемы археологии Юго-Восточной Европы» (22–26 ноября 1998 года). Тезисы докладов (Ростов-на-Дону 1998), 119.

11 v. Carnap-Bornheim, Claus: Eine cloisonnierte Schnalle mit wabenförmigem Zellenwerk und Almandinrundeln aus Olbia. In: Germania 73 (1995), 151–155.

12 Carnap-Bornheim Claus von: Archäologisch-historische Überlegungen zum Fundplatz Kalkrieser-Niewedder Senke in den Jahren zwischen 9 n. Chr. und 15 n. Chr. In: Rom, Germanien und die Ausgrabungen von Kalkriese. Internationaler Kongress der Universität Osnabrück und des Landwirtschaftsverbandes Osnabrücker Land e.V. vom 2. bis 5. September 1996. Hg. von Wolfgang Schlüter und Rainer Wiegels. Osnabrück 1999, 495–508.

Gottorf in Schleswig,[13] wo sich unter anderem das von ihm vom 7. April 2003 bis zum 21. März 2004 unter spektakulären Bedingungen für die Ausstellung »Sejrens Triumf«/ »Sieg und Triumpf«[14] an das Dänische Nationalmuseum in Kopenhagen ausgeliehene[15] Nydam-Schiff[16] und viele andere Funde aus jenen Deponierungen befanden, die zu seinem wissenschaftlichen Lebensmittelpunkt geworden waren. Claus von Carnap nahm die ihm übertragene Aufgabe an und baute seine Position aus: 2004 wurde er auch Leiter des Archäologischen Landesamtes Schleswig-Holstein, also Landesarchäologe (bis 2018), und 2009 wurde er leitender Direktor der Stiftung Schleswig-Holsteinische Landesmuseen. Es unterstanden ihm jetzt nicht nur das gesamte Schloss Gottorf mit seinen Außenanlagen wie etwa dem Gottorfer Globus,[17] sondern auch das Wikinger Museum Haithabu, das Jüdische Museum in Rendsburg, das Kloster Cismar und das Kieler Freilichtmuseum Molfsee, an dessen Umgestaltung der Festredner sich mit viel Umsicht und eigenem Engagement beteiligt hat, und das sind noch nicht alle der Stiftung angehörenden Museen.

Schon ein Jahr vorher aber war ihm die Gründung eines Instituts gelungen, das unter anderem die Erforschung der inzwischen »Kriegsbeuteopfer«[18] genannten Deponierungen vorantreiben sollte. Im »Zentrum für Baltische und Skandinavische Archäologie«, dessen Gründungsdirektor er 2008 wurde, forschen zahlreiche seiner Schüler:innen gemeinsam mit weiteren Experten und internationalen Gastwissenschaftlern nicht allein zu den »Heeresausrüstungs- oder Kriegsbeuteopfern«, sondern zu vielfältigen Aspekten der Archäologie Skandinaviens und des Ostseegebietes, also neben der eisenzeitlich-germanischen auch der slawischen und baltischen Welt dieses Binnenmeeres. Sie alle spiegelten sich auch in der Prussia-Sammlung des Königsberger Schlosses, von der in der nachfolgend abgedruckten Jahresvorlesung die Rede sein wird.

Alle diese Interessensgebiete waren die Ursache dafür, dass Claus von Carnap und sein ZBSA hervorragende und geschätzte Kooperationspartner des GWZO geworden

13 175 Jahre Archäologisches Landesmuseum. Hg. von Ralf Bleile und Claus v. Carnap-Bornheim. Schleswig 2011, 24–27.

14 Sejrens triumf – Norden i skyggen af det romerske imperium. Hg. von Lars Jørgensen, Birger Storgaard und Lone Gebauer. København 2003.

15 v. Carnap-Bornheim, Claus: Arkæologien ved Nationalmuseet i København – set udefra. In: Nationalmuseets Arbejdsmark 1807–2007. Kopenhagen 2007, 197–212.

16 … wie das Nydamboot nach Schleswig kam. In: 175 Jahre Archäologisches Landesmuseum. Hg. von Ralf Bleile und Claus v. Carnap-Bornheim. Schleswig 2011, 8 f.

17 Guratzsch, Herwig (Hg.): Der neue Gottorfer Globus. Leipzig 2005.

18 Aktuelle Forschungen zu Kriegsbeuteopfern und Fürstengräbern im Barbaricum. Internationales Kolloquium unterstützt durch Carlsbergfondet. Schleswig 15.–18. 6. 2006. Hg. von Angelika Abegg-Wigg und Andreas Rau (Schriften des Archäologischen Landesmuseums, Ergänzungsreihe 4). Neumünster 2008; v. Carnap-Bornheim, Claus, und Rau, Andreas: Zwischen religiöser Zeremonie und politischer Demonstration – Überlegungen zu den südskandinavischen Kriegsbeuteopfern. In: Glaube, Kult und Herrschaft. Phänomene des Religiösen im 1. Jahrtausend n. Chr. in Mittel- und Nordeuropa. Akten des 59. Internationalen Sachsensymposiums und der Grundprobleme der frühgeschichtlichen Entwicklung im Mitteldonauraum. Hg. von Uta von Freeden, Herwig Friesinger und Egon Wamers (Kolloquien zur Vor- und Frühgeschichte, 12.), Bonn 2009, 25–36; Lau, Nina, und Rau, Andreas: Kriegsbeuteopfer. In: RGA online 2013, https://doi.org/10.1515/gao.

sind, eine Zusammenarbeit, die letztlich auf Seminarveranstaltungen bei Otto-Herman Frey in Marburg zurück geht, in denen Claus von Carnap, der Verfasser dieser Zeilen und auch Regina Smolnik, die sächsische Landesarchäologin, in den 1980er Jahren zusammengesessen haben, und an dieser Stelle sei Claus von Carnap ausdrücklich dafür gedankt, dass er den Laudator in all diesen Jahrzehnten immer wieder an seinen Forschungen hat teilhaben lassen.

Claus von Carnap, Mitglied von Jysk Arkæologisk Selskab, der Römisch-Germanischen Kommission, des Deutschen Archäologischen Instituts und Vorsitzender sowohl des Nordwestdeutschen Verbandes für Altertumsforschung als auch des koordinierenden Ausschusses des internationalen Sachsensymposions (der Arbeitsgemeinschaft zur Archäologie der Sachsen und ihrer Nachbarvölker in Nordwesteuropa), war 2004 bis 2010 »adjungeret Professor« für vorgeschichtliche Archäologie an der Universität Aarhus und ist seit 2019 Ehrendoktor der Eötvos-Lorant-Universität in Budapest. Für sein Wirken und seine Verdienste ist er 2017 von Königin Margrethe II. von Dänemark zum Ritter des Dannebrogordens ernannt worden.

Um seine Botschaften unter das Publikum zu bringen, ging Claus von Carnap manchmal auch ungewöhnliche Wege. Zu Ostern 2011 hielt er im Schleswiger Petri-Dom eine »Dialog-Predigt« mit dem evangelischen Nordkirchenbischof Gerhard Ulrich über Markus 16, Vers 1–8, die Schilderung der Auffindung des leeren Grabes Christi durch Maria Magdalena und Maria, die Mutter des Jakobus. In diesem Rahmen[19] erklärte Claus von Carnap hellenistische Grabarchitekturen in der römischen Provinz Judäa und kam darüber auf das Bootkammergrab von Haithabu zu sprechen, das er mit seinem Frankfurter Museumskollegen Egon Wamers für die Bestattung eines frühen dänischen Königs hält, des in Sankt Alban in Mainz im Beisein Kaiser Ludwigs des Frommen getauften Harald Klak,[20] eines frühen, wenn auch vielleicht nicht einzigen zeitgleich herrschenden Vorgängers Königin Margrethes als Danmarks Dronning.

Claus von Carnap-Bornheim ist am 30. September in der Reithalle des Schlosses Gottorf mit einem Festakt in den Ruhestand verabschiedet worden. Am 5. Dezember 2023 hat er die Ehrendoktorwürde der Universität Warschau erhalten. Das von ihm gegründete Zentrum für Baltische und Skandinavische Archäologie ist seit dem 1. Januar 2024 Bestandteil des aus dem Römisch-Germanischen Zentralmuseum in Mainz hervorgegangenen Leibniz-Zentrum für Archäologie (LEIZA) und so Mitglied der Leibniz-Gemeinschaft, dem auch das GWZO seit dem Jahr 2017 angehört.

19 Ulrich, Gerhard: Dialogpredigt: Bischof Gerhard Ulrich und Prof. Dr. Claus v. Carnap-Bornheim, leitender Direktor der Stiftung Schleswig-Holsteinische Landesmuseen: https://www.nordkirche.de/nachrichten/nachrichten-detail/nachricht/dialogpredigt-bischof-gerhard-ulrich-und-prof-dr-claus-von-carnap-bornheim-leitender-direktor-de (abgerufen 29. 3. 2024).

20 Wamers, Egon: König im Grenzland. Neue Analyse des Bootkammergrabes von Haiđaby. In: Acta archaeologica 65 (1994), 1–56.

Kriegsbedingt zerstört – wissenschaftlich rekonstruiert. Die Prussia-Sammlung aus dem Königsberger Schloss

Claus von Carnap-Bornheim

Einleitung

Kaum eine zweite archäologische Forschungslandschaft hat sich in den letzten drei Jahrzehnten in ähnlicher Art und Weise verändert wie jene des östlichen Ostseeraumes. Verbunden mit den politischen Umbrüchen und der Selbständigkeit der drei baltischen Staaten, zugleich aber auch der Öffnung des Kaliningrader Gebietes für freien Transfer von Menschen und Wissen ergab sich seit Mitte der 1990er Jahre die Möglichkeit, aber auch die Verpflichtung, neue Forschungsnetzwerke zu etablieren und neue Forschungsfragen zu formulieren. Dieser Aufgabe hat sich das Akademievorhaben »Forschungskontinuität und Kontinuitätsforschung« in den vergangenen Jahren erfolgreich gestellt. International breit vernetzt und personell gut ausgestattet, haben sich das Schleswiger Zentrum für Baltische und Skandinavische Archäologie (ZBSA Schleswig) und das Berliner Museum für Vor- und Frühgeschichte (MVF Berlin) unter der Projektleitung der Professoren Claus von Carnap-Bornheim und Matthias Wemhoff in einem historisch nicht unproblematischen und zugleich facettenreichen Forschungsumfeld als wichtige Partner fest etabliert.[1]

Doch wie kaum ein zweiter archäologischer Forschungsraum war und ist Ostmittel- und Osteuropa aber auch durch die Zerstörung und Vernichtung des kulturellen Erbes durch den 2. Weltkrieg betroffen. Architektur, Museen, Archive, Denkmale gleich welcher Art und dazu auch das kollektive Gedächtnis zu historischer und regionalgeschichtlicher Überlieferung unterlagen einem dramatischen Wandel, für den das Jahr 1945 mehr als nur eine Zäsur, sondern einen vollständigen und irreversiblen Einschnitt darstellt.

1 Für die große Unterstützung bei der Erstellung dieses Manuskriptes danke ich meinem Kollegen in der Projektleitung Matthias Wemhoff wie der Wissenschaftlichen Mitarbeiterin Heide Eilbracht und den Wissenschaftlichen Mitarbeitern Timo Ibsen, Sebastian Kriesch und Jaroslaw Prassolow.

Kulturgutverluste im Zuge kriegerischer Auseinandersetzungen sind – und hier bildet unser Arbeitsgebiet keineswegs eine Ausnahme – ein seit Jahrtausenden bekanntes Phänomen. Sie werden einerseits billigend in Kauf genommen, andererseits aber als bewusste Waffe zur Zerstörung von Identitäten genutzt.[2] Es ist daher kein Zufall, dass auch im Zuge des russisch-ukrainischen Krieges gerade Museen geplündert und zerstört werden. Nur selten gelangen aber jene Bemühungen in ein breiteres öffentliches Bewusstsein, die sich mit der Rekonstruktion entsprechender Denkmale, Sammlungen und Archive befassen. Die internationalen Bemühungen um Palmyra, das irakische Nationalmuseum in Bagdad oder die Bibliothek in Sarajewo sind hierfür prominente Beispiele. Doch auch auf anderen Ebenen und Zuschnitten sind solche Rekonstruktionsprojekte tätig. So widmet sich unser Projekt »Forschungskontinuität und Kontinuitätsforschung« im Rahmen des Akademienprogramms und angesiedelt an der Mainzer Akademie der Wissenschaften und der Literatur in einem auf 18 Jahre angelegten Projekt der Wiederherstellung, Bereitstellung und Auswertung von Archiven zur Archäologie des ehemaligen Ostpreußen, die im Jahr 1945 verlagert, teilweise vernichtet und dann verschollen waren. Dies betrifft insbesondere das ehemalige Prussia-Museum in Königsberg/Kaliningrad, in dem sowohl in den Ausstellungen als auch in den Magazinen und Archiven quasi das Herz der ostpreußischen Archäologie schlug. Mit dem voraussichtlichen Abschluss des Projektes im Jahr 2028 wird somit nach mehr als 80 Jahren der Wissensstand der ostpreußischen Archäologie rekonstruiert, der mit dem Ende des 2. Weltkrieges auf immer verloren erschien. Das Projekt ist damit auch eine Folie für internationale Aktivitäten, die sich nicht nur auf die Wiederherstellung architektonischer oder musealer Strukturen konzentrieren, sondern sich auf die Rekonstruktion archivalischer Sammlungen an der Schnittstelle zur modernen Forschung konzentrieren.

Der 24. Februar 2022 mit dem Angriff Russlands auf die Ukraine markiert einen dramatischen Einschnitt, der die Archäologie des ehemaligen Ostpreußen als internationale Forschungsaufgabe erneut in eine tiefe Krise geführt hat. Doch schon vor dem 24. Februar 2022 veränderte sich das Forschungsklima besonders im Kaliningrader Gebiet mit zunehmender Geschwindigkeit, allerdings bedingt durch die politisch-militärischen Rahmenbedingungen und nicht durch wissenschaftlichen Dissens oder komplizierte personelle Konstellationen. Die zentralen Regionen des Samlandes und die Grenzgebiete des Kaliningrader Gebietes wurden bereits ab 2018/2019 für nichtrussische Wissenschaftler und Wissenschaftlerinnen für Feldforschungen gesperrt. Mit dem Angriffskrieg Russlands gegen die Ukraine und dem damit verbundenen vollständigen Zusammenbruch aller offiziellen Kontakte seit dem Spätwinter 2022 ist auch das hier vorgestellte Projekt in eine neue Phase getreten, die den äußerst unbefriedigenden Rahmenbedingungen des Kalten Krieges weitgehend entsprechen. Es ist mittelfristig wohl kaum zu erwarten, dass die offenen und unbelasteten Arbeitsverhältnisse der Jahre zwischen 1995 und 2015 wieder entstehen werden.

2 Parzinger, Hermann: Verdammt und vernichtet. Kulturzerstörungen vom Alten Orient bis zur Gegenwart. München 2021.

Die Forschungsgeschichtliche Ausgangslage

Durch die rege archäologische Forschungstätigkeit namhafter Archäologen wie Otto Tischler (1841–1893), Adalbert Bezzenberger (1851–1922), Emil Hollack (1860–1924), Max Ebert (1879–1929), Carl Engel (1895–1947), Herbert Jankuhn (1905–1990), Wolfgang La Baume (1885–1971) und Otto Kleemann (1905–1996) entwickelte sich das ehemalige Ostpreußen ab der Mitte des 19. Jahrhunderts zu einer der Keimzellen der europäischen Archäologie.[3] Unter anderem bedingt durch den großen natürlichen Reichtum an Bernstein und die verkehrsgeographische Lage zeichnen sich besonders der nördliche Teil, der heute als Kaliningrader Gebiet in die Russische Föderation eingliedert ist, aber auch die südlichen, heute polnischen Landschaften Masurens sowie die jetzt litauischen Gebiete des Memeldeltas durch eine außergewöhnliche Dichte an archäologischen Fundplätzen verschiedenster Zeitstufen aus. Dies gilt auch für die weiter nördlich gelegenen Territorien des heutigen Litauen und Lettland. Insbesondere seit der Vorrömischen Eisenzeit scheint die Bevölkerung für einen Zeitraum von etwa zwei Jahrtausenden relativ konstant in stabilen Siedlungsräumen ansässig gewesen zu sein, wovon die fast ununterbrochen belegten Gräberfelder der Vorrömischen Eisenzeit, der Römischen Kaiserzeit, der Völkerwanderungszeit und des Frühmittelalters bis zur Ankunft des Deutschen Ordens in der Mitte des 13. Jahrhunderts als Beispiel einer außergewöhnlichen Siedlungskontinuität zeugen.

Diese Fundstellendichte wurde für Ostpreußen erstmals durch Emil Hollack im Jahr 1908 in der wegweisenden »Vorgeschichtlichen Übersichtskarte von Ostpreussen« visualisiert;[4] sie gilt als eine der ersten archäologischen Landesaufnahmen in Preußen. Die systematischen Untersuchungen zahlreicher Gräberfelder und Fundstellen gipfelte schließlich in der europaweit berühmten sog. »Prussia-Sammlung« des heute weitgehend zerstörten Königsberger Schlosses, die – aus mehr als 200 000 Exponaten und mehreren hunderttausend Blatt Grabungsdokumentation bestehend – als zentrales denkmalpflegerisches Archiv und einzigartige archäologische Studiensammlung zu einem der Schlüsselinstitute der deutschen archäologischen Forschung und zu einer wissenschaftlichen Drehscheibe des Baltikums und Skandinaviens avancierte.[5]

Ein Blick in das nördlich gelegene Lettland mag dies beispielhaft verdeutlichen. So war der in Riga veranstaltete Archäologische Kongress im Jahr 1896 das Ergebnis einer ebenfalls weit entwickelten archäologisch orientierten lettischen Gelehrtenschicht, die ihre Wurzeln auch in der ostpreußischen – besonders aber – in der Königsberger Archäologie hatten. Vor diesem wissenschaftlichen Hintergrund wurde beispielsweise der erste lettische Archäologe Francis Balodis (1882–1947) ausgebildet; später – nach der Gründung der

3 Nowakowski, Wojciech: Die »Königsberger Schule« der Vor- und Frühgeschichte von den Anfängen bis 1945. In: Die Prussia-Sammlung. Der Bestand im Museum für Geschichte und Kunst Kaliningrad. Hg. v. Philipp Adlung, Claus von Carnap-Bornheim, Timo Ibsen und Anatoli Valujev. Schleswig 2005, 40–48.

4 Hollack, Emil: Erläuterungen zur vorgeschichtlichen Übersichtskarte von Ostpreußen. Glogau-Berlin 1908.

5 Umfassend auch zur Altertumsgesellschaft Prussia und deren Wirken für die Archäologie des ehemaligen Ostpreußens: Wagner, Wulf D.: Die Altertumsgesellschaft Prussia. Einblicke in ein Jahrhundert Geschichtsverein, Archäologie und Museumswesen in Ostpreußen. Husum 2019.

Republik Lettland – folgten der Erlass eines Denkmalschutzgesetzes sowie die Gründung des ersten lettischen Lehrstuhls für Archäologie. Diese Entwicklung gipfelte in einer ersten, 282 Burgberge aufführenden Studie, die Beschreibungen, Vermessungen, Fotografien und Karten umfasste.[6] Gleichzeitig entstand das erste Handbuch zur lettischen Archäologie, an dem eine internationale Forschergemeinschaft unter Beteiligung von Francis Balodis, Aarne Michaël Tallgren (1885–1945), Eduard Sturms (1895–1959), Marta Schmiedehelm (1896–1981) und Harri Moora (1900–1968) zusammenarbeitete. Die internationale Kooperation wurde 1930 mit dem II. Archäologen-Kongress in Riga unter Teilnahme von Wissenschaftlern aus zehn Ländern letztmalig bekräftigt, bevor die Ereignisse vor und während des Zweiten Weltkrieges die Archäologie Lettlands stark beeinträchtigten. Eine ähnliche Entwicklung lässt sich in Litauen aufzeigen, wenngleich die Quellen spärlicher sind.[7] Auch hier wurde besonders in den 1930er Jahren eine reiche archäologische Forschung betrieben, die jedoch zu selten in Veröffentlichungen mündete,[8] bis beide Länder zusammen mit Estland als Sowjetrepubliken eine völlig neue wissenschaftspolitische Ausrichtung erfuhren und viele Archäologen als Konsequenz in westliche Länder emigrierten.

Vor diesem Hintergrund erscheint der kriegsbedingte Bruch dieser langen Forschungstradition im Jahr 1945 umso dramatischer. Besonders in Ostpreußen führte er, abgesehen vom wissenschaftlichen Austausch der fachlichen Kompetenzen, zusätzlich zum vorübergehenden Komplettverlust der archäologischen Sammlungen und vor allem der umfangreichen Grabungsdokumentationen und Fundstellenregister. Die folgende Errichtung des Eisernen Vorhangs unterband als dramatische Zäsur für fast 60 Jahre jegliche Forschungskontinuität und entzog das gesamte Baltikum dem Blickpunkt der westeuropäischen Archäologie. Wenngleich auch die sowjetische Wissenschaft diese Kontaktzone zwischen baltischen, slawischen und germanischen Kulturgruppen mit besonderem Interesse in die marxistisch orientierte archäologische Forschung einbezog, war die Verbindung der verschiedenen Forschungstraditionen und somit die Fortführung der Forschungskontinuität bis zur politischen Wende in den 1990er Jahren praktisch nicht möglich.

Seit der politischen Neuordnung des europäischen Ostens aber hat sich zunächst vorsichtig und langsam, dann in immer intensiverem Tempo eine neue Interessensgemeinschaft polnischer, russischer, litauischer, lettischer, estnischer und deutscher Archäologen unter konstruktiver Beteiligung skandinavischer und finnischer Kollegen herausgebildet. Auf der Basis der zerstreut in mehreren Ländern verteilten Archivalienbestände der

6 Hierzu s. Lettlands viele Völker. Archäologie der Eisenzeit von Christi Geburt bis zum Jahr 1200. Katalog zur Ausstellung im Archäologischen Landesmuseum im Pauliklöster, Brandenburg, 12. Dezember 2008 bis 19. April 2009 und im Archäologischen Landesmuseum, Stiftung Schleswig-Holsteinische Landesmuseen Schloss Gottorf, Schleswig, 9. Mai 2009 bis 23. August 2009. Hg. v. Claus von Carnap-Bornheim, Volker Hilberg, Arnis Radiņš und Franz Schopper. Zossen 2008, 16–18.

7 Zabiela, Gintautas: Die Untersuchungen von Apuolė im Kontext der baltischen Archäologie. In: Apuolė. Ausgrabungen und Funde 1928–1932. Hg. v. Jan Peder Lamm. Vilnius 2009, 202.

8 Gintautas, Untersuchungen, 206.

Abb. 1: Das Königsberger Schloss; Zustand vor 1945. Im hier abgebildeten Flügel befand sich die archäologische Schausammlung des Prussia-Museums.

vorkriegszeitlichen Forschungen und moderner Ausgrabungsergebnisse versteht diese »Scientific Community« die Erforschung des östlichen Kulturknotenpunktes der nord- und osteuropäischen Geschichte als gemeinsames Forschungsanliegen und knüpft an die Forschungskontinuitäten der gemeineuropäischen kulturellen Vergangenheit an. Seit der russischen Invasion in die Ukraine im Winter 2022 ist allerdings allen Beteiligten schmerzlich bewusstgeworden, wie fragil diese wissenschaftlichen Kooperationen sind und wie sehr sie von der politischen Großwetterlage abhängen.

Seit 1945 galt die Prussia-Sammlung aus dem ehemaligen Königsberger Schloss (Abb. 1) als verschollen bzw. endgültig verloren. In ihr waren die bedeutendsten archäologischen Funde Ostpreußens aus mehr als 12 000 Jahren Besiedlungsgeschichte enthalten, die sowohl in der Schausammlung gezeigt als auch in den Depots magaziniert wurden. Dazu gehörten große Kollektionen von vor- und frühgeschichtlicher Keramik aus Siedlungs- und Grabfunden ebenso wie Metallgegenstände aller metallführenden Epochen bis hin zum Mittelalter. Bemerkenswert war ferner der umfangreiche archivalische Bestand, der eine Vielzahl von Hintergrundinformationen zu diesem Fundmaterial enthielt. Mit den großen politischen Veränderungen seit dem Ende der 1980er Jahre und der Öffnung des Kaliningrader Gebietes seit den frühen 1990er Jahren ergaben sich jedoch überraschend ganz neue Hinweise auf den Verbleib von Teilen der Sammlung und des Archivs, die sich demnach sowohl in Berlin als auch in Kaliningrad selbst wiederfanden.[9] Zunächst wurden jene Teile der Kollektion bekannt, die sich ehemals im Besitz der Akademie der Wissenschaften der DDR befanden und die heute im Museum für Vor- und Frühgeschichte in Berlin verwahrt und bearbeitet werden. Sie gelangten in zwei Wagons 1944 aus Königsberg über Rastenburg in Ostpreußen zunächst nach Demmin in Vorpommern, wo sie einerseits in einem Babierladen, andererseits im Gutshaus Brook eingelagert wurden. Dort waren sie Zerstörung und Plünderung ausgesetzt, dieser Sammlungsteil drohte nun endgültig unterzugehen. Es ist dem Spediteur Lothar Diemer zu verdanken, dass dies nicht geschah, denn er sammelte die Funde und Archivalien ein und überstellte sie mit tatkräftiger Unterstützung von Wilhelm Unverzagt, dem damaligen Direktor des Museums für Vor- und Frühgeschichte in Berlin, an die Berliner Akademie der Wissenschaften, wo sie – auch aus politischen Gründen und womöglich zum Schutz vor sowjetischem Zugriff – unter unzulänglichen Bedingungen im Keller des Akademiehauptgebäudes verwahrt wurden. Für 60 Jahre war nur wenigen Eingeweihten der Aufenthaltsort dieses Sammlungsteils bekannt und erst nach der Maueröffnung 1989 wurde dieser wichtige Bestand offiziell erwähnt bzw. über ihn berichtet. Er wurde bald danach in das Museum für Vor- und Frühgeschichte, Staatliche Museen zu Berlin – Preußischer Kulturbesitz in Berlin überführt, wo er sich auch heute noch befindet (Abb. 2).

Spektakulär waren aber jene Entdeckungen, die dem Kaliningrader Archäologen Anatoli Valujev und seinen Kollegen im sog. Fort 3 am nördlichen Stadtrand von Kaliningrad gelangen. Im Schutt und Müll einer bis in die Mitte der 1990er Jahre genutzten Militäranlage entdeckte er mehrere tausend Funde, die zweifellos der Prussia-Sammlung zugeordnet werden konnten. Wolfgang La Baume, der letzte Leiter des Königsberger Amtes für Vor- und Frühgeschichte in Königsberg, hatte sie dort im Januar 1945 versteckt. Nun drohten die Funde allerdings entweder durch die absolut unsachgemäße Lagerung zerstört zu werden oder aber in die Hände von Raubgräbern zu gelangen. So wurden wissenschaftliche Ausgrabungen und die Suche mit dem Metalldetektor notwendig, um möglichst viele dieser Funde zu retten. Dieser Bestand ist heute im Kaliningrader Gebietsmuseum für Geschichte und Kunst (KOIHM) magaziniert, sowie teilweise ausgestellt und publiziert.

9 Hierzu umfassend Wemhoff, Matthias: Verlagert – Verstreut – Verloren? Die Wiedergewinnung und Neuerschließung der Prussia-Sammlung aus Königsberg/Ostpreußen in einem spannungsreichen Umfeld. In: Jens Schneeweiß, Manfred Nawroth, Henny Piezonka und Heiner Schwarzberg (Hg.): Man sieht nur, was man weiß – Man weiß nur, was man sieht. Festschrift für Hermann Parzinger zum 65. Geburtstag (= Prähistorische Archäologie in Südosteuropa 33), Rahden/Westf. 2024, 719–737; Valujev, Anatoli: Die Geschichte des Kaliningrader Bestandes der Prussia-Sammlung. In: Adlung et. al, Die Prussia-Sammlung (wie Anm. 3), 28–39; Reich, Christine: Verloren geglaubte Geschichte. Die Prussia-Sammlung im Berliner Museum für Vor- und Frühgeschichte. In: Jakobson, Felix: Die Brandgräberfelder von Daumen und Kellaren im Kreise Allenstein, Ostpr. (Schriften des Archäologischen Landesmuseums 9), Schleswig 2009, 347–361; Junker, Horst, Malliaris, Michael, und Wieder, Horst: Bergung und Rekonstruktion eines verlorenen geglaubten Archivbestandes. Das Fundarchiv des ehemaligen Prussia-Museums Königsberg i. Pr. im Berliner Museum für Vor- und Frühgeschichte. In: Jakobson, Brandgräberfelder, 363–384. Ungeklärt ist weiterhin, welcher ehemals ostpreußische Fundbestand sich in russischen Museen außerhalb des Kaliningrader Museums befinden. So tauchten Bestandteile des berühmten Schatzfundes von Hammersdorf/Młoteczno, ehemals Kr. Elbing und bis 1945 Bestand des Museums für Vor- und Frühgeschichte in Berlin im Moskauer Pushkin-Museum auf; s. Kulakov, Vladimir I.: Herkunft der Halsringe aus Hammersdorf/Młoteczno. Slavia Antiqua 52 (2011), 17 f.

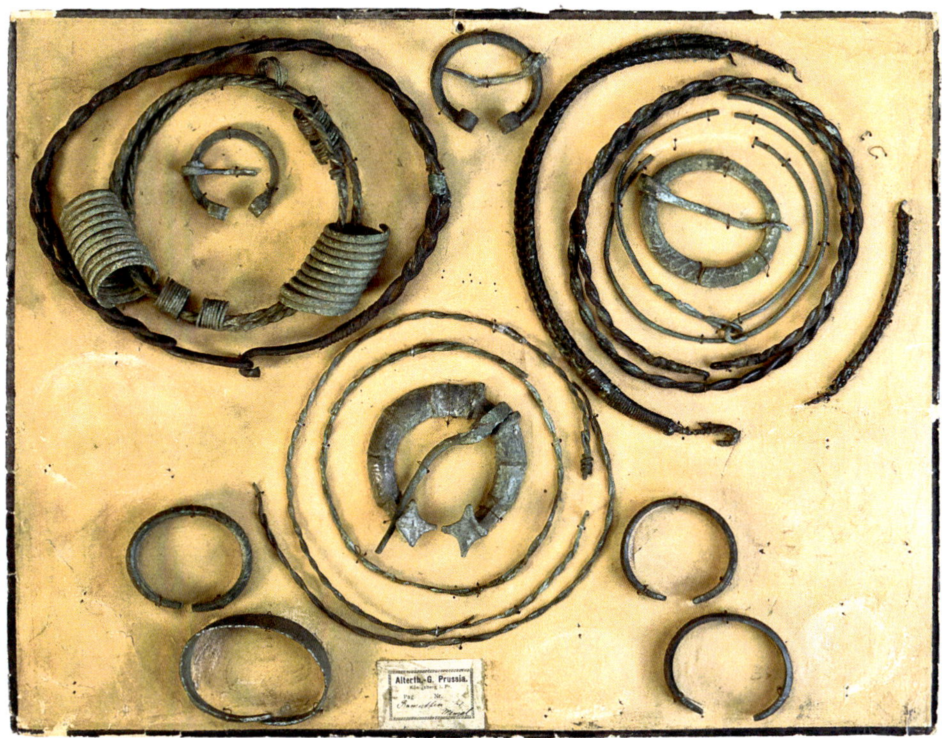

Abb. 2: Zustand von Fundmaterial aus der ehemaligen Prussia-Sammlung in Königsberg nach der Bergung aus dem Keller der Akademie der Wissenschaften der DDR im Jahr 1990. Hier das auf einer Pappe montierte Grabinventar aus Ramutten-Jahn, Kr. Memel (Melašiai, Litauen).

Vor diesem forschungsgeschichtlichen Hintergrund ist der Wert der wiedergefundenen Archivalien und Funde, die zum größten Teil aus der Königsberger Prussia-Sammlung stammen und aufgrund ihrer komplizierten Verlagerungsgeschichte heute in mehreren Institutionen im In- und Ausland verteilt liegen, unschätzbar groß. Der größte und wichtigste Bestand mit mehr als 50 000 Dokumenten befindet sich im Museum für Vor- und Frühgeschichte, Staatliche Museen zu Berlin – Preußischer Kulturbesitz. Durch ihren Umfang und die fachgerechte Aufarbeitung seit der Wiederentdeckung vor gut 20 Jahren sowie die weit fortgeschrittene Ordnung nach Fundplätzen nimmt diese Sammlung in wissenschaftlicher und konservatorischer Hinsicht unter allen Beständen eine Schlüsselstellung ein. Sie beinhaltet auch etwa 45 000 Originalfunde, von denen ein Teil bereits identifiziert ist und mit dem Archivmaterial verbunden werden kann (Abb. 2).[10] Dadurch

10 Eilbracht, Heide, Goßler, Norbert (†), Ibsen, Timo, Jahn, Christoph, und Prassolow, Jaroslaw: Vom Rand in die Mitte – neue Forschungen im ehemaligen Ostpreußen. Blickpunkt Archäologie 1 (2013), 85–94.

bieten sich Möglichkeiten zur Rekonstruktion von Gesamtkomplexen, die auch das Fundmaterial einbeziehen und neu bewerten lassen. In Kaliningrad steht diesem Konvolut mit 30 000 Funden eine ähnlich große Anzahl gegenüber, wobei deren ungünstigerer Erhaltungszustand die wissenschaftliche Ansprache häufig erschwert. Ergänzt wird dieser Bestand durch die heute ebenfalls in Kaliningrad befindlichen Inventarbücher der Königsberger Sammlungen, die jüngst vorbildlich publiziert wurden.[11] In Olsztyn/Allenstein in Polen sind eine größere Anzahl von Keramikgefäßen sowie der Nachlass von Otto Tischler und andere Archivalien erhalten. Das Archäologische Landesmuseum Schleswig besitzt mit den Nachlässen von Herbert Jankuhn und Rudolf Grenz zwei umfangreiche Konvolute an Aufzeichnungen zur ostpreußischen Archäologie. Kleinere Sammlungen relevanter Archivalien werden in Riga (Felix Jakobson-Archiv) und in Tallinn (Archiv Marta Schmiedehelm) sowie in Marburg (Nachlass Carl Engel) und Göttingen (Nachlass Carl Engel) aufbewahrt.

Neben konservatorischen Problemen und der aufgrund des teilweise schlechten Erhaltungszustandes eingeschränkten Zugänglichkeit verhinderte bislang vor allem die weitverstreute Lagerung in mehreren Ländern eine effektive Aufarbeitung dieser Materialien. Zur langfristigen Archivierung und Erschließung dieses reichen kulturellen Erbes ist die digitale Erfassung und Edition im Sinne eines »Archäologischen Atlasses Westbaltikum« unverzichtbar. Die angestrebte Zusammenführung aller Archivalien und Funde und ihre Bereitstellung auf einem gemeinsamen Server, auf den Fachkollegen der beteiligten Länder passwortgeschützt zugreifen können, schließen eine große Lücke in der Forschungskontinuität und führen die internationale archäologische Forschung in eine gemeinsame wissenschaftliche Zukunft.

In Bezug auf den Forschungstand insbesondere zur Siedlungsforschung ergibt sich heute allerdings ein grundlegender Widerspruch zwischen Publikationen der Vor- und Post-Perestroika-Zeit. Während in allgemeinen Übersichtswerken oft die Zahl der erforschten Siedlungen sehr hoch erscheint und der Forschungsstand als gut dargestellt wird,[12] offenbaren persönliche Gespräche mit den heute verantwortlichen Wissenschaftlern große Defizite der Siedlungsforschung. Besonders die oft nur kleinräumigen Bodeneingriffe an Burgwällen und Siedlungen aller Forschungsepochen sowie die meist unpublizierten Grabungsberichte erschweren heute eine Interpretation der archäologischen Quellen. Zusätzlich verfälschten politisch motivierte Interpretationen den Gesamteindruck zur Siedlungsforschung in den baltischen Ländern. Es ergibt sich ein grundlegender Gegensatz zwischen Quellenbasis und Interpretation, der nur über eine kritische Auseinandersetzung mit der Forschungsgeschichte und den daraus resultie-

11 Bitner-Wróblewska, Anna, Nowakiewicz, Tomasz, Rzeszotarska-Nowakiewicz, Aleksandra, und Wróblewski, Wojciech: Inhalt und Bedeutung der wieder gewonnenen Inventarbücher des Prussia-Museums. In: Die Archäologischen Inventarbücher aus dem ehemaligen Prussia-Museum. Red. v. Anna Bitner-Wróblewska (Aestiorum Hereditas I). Olsztyn 2008, 128–447.

12 Bīrons, Anatolijs, Mugurēvičs, Ēvalds, Stubavs, Ādolfs und Šnore, Elvīra (Hg.): Latvijas PSR Arheologija. Riga 1974, 368.

renden Wissenschaftskulturen aufgelöst und transparent gemacht werden und damit gleichzeitig regulativ für zukünftige Deutungen wirken kann. Hier setzt nun die zweite grundlegende Komponente unseres Vorhabens an.

Das Projekt »Forschungskontinuität und Kontinuitätsforschung«

Mit der Entdeckung und ersten Erfassung der Archiv- und Fundbestände aus dem Prussia-Museum in Königsberg im Berliner Museum für Vor-und Frühgeschichte seit den 1990er Jahren war deutlich geworden, dass hier einerseits für die Archäologie des Ostseeraumes und Ostmitteleuropas ein großes wissenschaftliches Potential ganz unerwartet und überraschend gehoben werden konnte, andererseits die Verpflichtung entstand, eine nachhaltige Forschungs- und Publikationsstrategie zu entwickeln. Mit dem modularen Projektdesign wurde den verschiedenen Komponenten dieser Aufgabe erfolgreich Rechnung getragen. So geht es darum, den Archivbestand kompetent zu erschließen und der Forschung digital und analog zugänglich werden zu lassen, aber auch um international vernetzte Feldforschungen in der Region. Einbezogen sind alle Nationalstaaten auf dem heutigen Territorium Ostpreußens, wobei während der ersten Hälfte des Projekts eine stärkere Fokussierung auf dem russischen Gebiet und den russischen Partnern lag, während in der zweiten Projekthälfte Polen und Litauen mehr in den Vordergrund rücken werden.

Die Datenbank »prussia museum digital« ist das zentrale Instrument für die Erschließung und Präsentation der ostpreußischen Quellen. Sie umfasst derzeit mehr als 20 000 Blatt Archivalien und etwa 18 000 Funde aus dem Königsberger Prussia-Museum und stellt diese ab November 2020 für die internationale Forschung erstmals online zur Verfügung. Die Rekonstruktion der Fundstellen auf Basis der vorkriegszeitlichen Quellen und ihre Validierung und Lokalisierung führten zu einer deutlich angestiegenen Zahl an nunmehr bekannten Denkmälern. Die Ergebnisse der Feldforschungen verändern das bisher bekannte Bild der kulturellen Nutzung der Landschaft im Hinblick auf die Lage, den Charakter und das Alter der Denkmäler und liefern zahlreiche Daten für die erste Analyse der Siedlungsaktivitäten in der Gesamtregion wie in unterschiedlichen Mikroregionen.

Das Projekt »Forschungskontinuität und Kontinuitätsforschung« hat sich nach der Hälfte der Laufzeit mit seinen wissenschaftlichen Resultaten und seinen breiten Aktivitäten äußerst erfolgreich im Netzwerk der baltischen Archäologie verankert. Mit der Schaffung neuer Instrumente und Werkzeuge stellt es für die Forschung in West und Ost wichtige Grundlagen für aktuelle und zukünftige Studien zur Archäologie in der Region zur Verfügung. Es wird bereits zum jetzigen Zeitpunkt deutlich, dass das Vorhaben zahlreiche Elemente entwickelt, die für die Sicherung sowie die Erschließung und Erforschung von kriegsbedingt verlagertem und fragmentiertem Kulturgut zukünftig einen Modellcharakter haben können.

Die Ziele des Vorhabens

Mit der ehemaligen Provinz Ostpreußen und den angrenzenden Nachbarregionen tritt im Rahmen des Projekts »Forschungskontinuität und Kontinuitätsforschung« ein Arbeitsgebiet in den Fokus, das lange Zeit von der Forschung vergessen schien und erst seit einigen Jahren wieder verstärkt in die Archäologie Mittel-, Ost- und Nordeuropas einbezogen wird. Dabei haben sich die heute in der Region verantwortlichen denkmalpflegerischen und akademischen Institutionen in Polen, Russland und Litauen seit der zweiten Hälfte des 20. Jahrhunderts in ihren Forschungsschwerpunkten sehr unterschiedlich entwickelt. Allen modernen Untersuchungsansätzen gemeinsam ist jedoch die Tatsache, dass der Zweite Weltkrieg und seine Folgen bis heute eine tiefe Zäsur in der mehr als 150-jährigen Geschichte der ostpreußischen Forschungen bedeuten. Die archäologischen Aktivitäten endeten 1945 abrupt und sämtliche bis dahin geborgenen Funde ebenso wie die zugehörigen Dokumentationen schienen nach 1945 zerstört oder zerstreut. Erst mit der unerwarteten, forschungsgeschichtlich überaus glücklichen Wiederentdeckung großer Teile der Königsberger Sammlungen in Berlin, aber auch in Kaliningrad und an anderen Orten in Europa wurde deutlich, dass hier ein Wissensschatz erhalten ist, der es ermöglicht, an diese lange und fruchtbare Forschungstradition erneut anzuknüpfen.

Damit sind ein zentrales Anliegen und zugleich ein erster Eckpunkt für das Projekt benannt: die Wiederherstellung der längst überfälligen Forschungskontinuität, verbunden mit dem Ziel der langfristigen Sicherung eines außergewöhnlichen kulturellen Erbes. Ein wesentlicher Arbeitsschritt ist dabei die »Rekonstruktion« der vorkriegszeitlichen archäologischen Denkmälerlandschaft in Ostpreußen auf Basis der umfangreichen Quellenbestände aus Archivalien und Funden. Ausgehend vom größten Teilbestand der früheren Königsberger Prussia-Sammlung, der am MVF Berlin verwahrt wird und ca. 50 000 Blatt Dokumente und ebenso viele Artefakte umfasst, werden sämtliche überlieferten fundstellenbezogenen Inhalte in einer Datenbank gesammelt und die heute verstreuten Quellen und Daten dort erstmals wieder virtuell vereint. Weitere Bestände an anderen Aufbewahrungsorten werden in darauffolgenden Arbeitsschritten einbezogen. Die Datenbank ist seit November 2020 für die Fachöffentlichkeit online nutzbar.

Ein zweiter Eckpunkt im Vorhaben ist mit dem Aspekt der Forschungskontinuität eng verknüpft: die Entwicklung und die Verfügbarkeit nachhaltiger Datenstrukturen. Zum einen ist dies mit der Datenbank in digitaler Form gewährleistet. Die fragilen originalen Dokumente sind dort als Dokumente in den Formaten *.pdf und *.jpg zur Ansicht eingebunden. Gleichzeitig wird durch die digitalen Kopien deren Sicherung dauerhaft gewährleistet. Das Format der Datenbank ermöglicht es, die über einen längeren Zeitraum und in mehreren Arbeitsphasen erhobenen Daten zur Erschließung der ostpreußischen Fundstellen kontinuierlich einzufügen und so ständig einen aktuellen Stand anzubieten. Zum anderen werden die wissenschaftlichen Daten auch in analoger Form vorgelegt: Der »Archäologische Atlas Westbaltikum« dient als gedruckte Übersicht über die aus den Quellen erschlossenen Informationen und die gewonnenen siedlungsarchäologischen Ergebnisse.

Im Gebiet Ostpreußens waren siedlungsarchäologische Forschungen bis 1945 ein Desiderat. Auch aktuelle Untersuchungen in den heutigen Nationalstaaten stehen in dieser Hinsicht noch relativ am Anfang. Ob sich in den teilweise jahrhundertelang genutzten Gräberfeldern auch eine kontinuierliche Besiedlung der jeweiligen Mikroregion widerspiegelt und wie diese ausgesehen hat, lässt sich bislang nur erahnen. Der zweite zentrale Begriff im Vorhaben, die Kontinuitätsforschung, verweist auf diese wichtige Forschungsfrage und markiert zugleich einen weiteren Eckpunkt: die Implementierung zielorientierter Feldforschungen zur Erarbeitung tragfähiger Modelle zu Chronologie, Terminologie und Siedlungsdynamik. Ausgangspunkte sind dabei die markanten Burgwälle, die in großer Zahl in der Region bekannt sind. Wichtiges Publikationsorgan für die internen und externen Untersuchungen zur Archäologie im ehemaligen Ostpreußen ist die von den Projektleitern Claus von Carnap-Bornheim und Matthias Wemhoff herausgegebene Reihe der »Studien zur Siedlungsgeschichte und Archäologie der Ostseegebiete«.

Die genannten Eckpunkte und die damit verbundenen Aufgaben und Ziele wurden in drei Modulen thematisch gebündelt: Archivalien und Funde (Modul 1), GIS-Plattform und Fundstellenverifizierung (Modul 2) sowie Burgwall- und Siedlungsforschung (Modul 3). Modul 1 (Dr. Heidemarie Eilbracht, ZBSA Schleswig/Archivstandort MVF Berlin) befasst sich mit der Rekonstruktion der archäologischen Fundlandschaft durch die dokumentarische Erschließung und Langzeitarchivierung der umfangreichen Archivalienbestände und ihre quellenkritische Bearbeitung. Modul 2 (Dr. Dr. Jaroslaw A. Prassolow, ZBSA Schleswig) verantwortet für die Denkmäler deren wissenschaftliche Auswertung durch GIS-gestützte Verfahren als Grundlage für Raum- und Strukturanalysen und deren reziproke Validierung in Verbindung mit Modul 1, und Modul 3 (Dr. Timo Ibsen, ZBSA Schleswig) betreibt eine integrierte Siedlungsforschung am Beispiel ausgewählter Siedlungskammern mit Burgwallzentrum zur Verifizierung der in Modul 1 und 2 erzielten Ergebnisse zur Siedlungsdynamik im Baltikum im 1. Jahrtausend nach Christus. Die Module arbeiten eigenständig im jeweiligen Aufgabenbereich und zugleich in enger inhaltlicher Verzahnung miteinander (Abb. 3).

Die Projektdatenbank »prussia museum digital«

Die Datenbank »prussia museum digital« ist für das Projekt zugleich Arbeits-, Recherche- und Forschungsinstrument. Für die internationale Forschung bietet sie erstmals online einen Zugang zu den vorkriegszeitlichen archäologischen Quellen. Als digitales Portal vereint sie die europaweit verstreut aufbewahrten Königsberger Bestände virtuell wieder an einem Ort.[13]

13 www.akademieprojekt-baltikum.eu/prussia-museum-digital.html (Zugriff 1. 8. 2023).

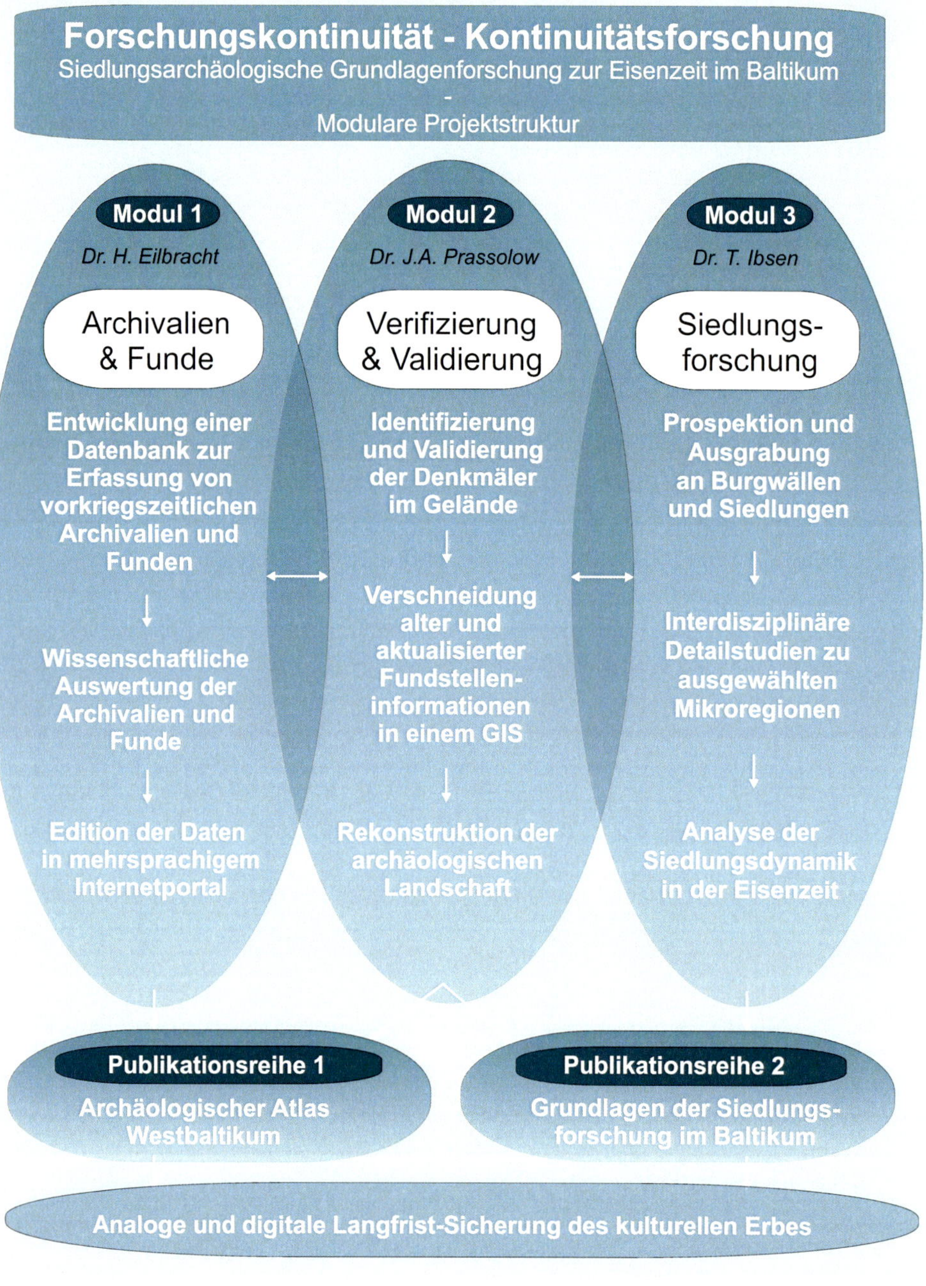

Forschungskontinuität - Kontinuitätsforschung
Siedlungsarchäologische Grundlagenforschung zur Eisenzeit im Baltikum
-
Modulare Projektstruktur

Modul 1
Dr. H. Eilbracht
Archivalien & Funde
Entwicklung einer Datenbank zur Erfassung von vorkriegszeitlichen Archivalien und Funden
↓
Wissenschaftliche Auswertung der Archivalien und Funde
↓
Edition der Daten in mehrsprachigem Internetportal

Modul 2
Dr. J.A. Prassolow
Verifizierung & Validierung
Identifizierung und Validierung der Denkmäler im Gelände
↓
Verschneidung alter und aktualisierter Fundstellen-informationen in einem GIS
↓
Rekonstruktion der archäologischen Landschaft

Modul 3
Dr. T. Ibsen
Siedlungs-forschung
Prospektion und Ausgrabung an Burgwällen und Siedlungen
↓
Interdisziplinäre Detailstudien zu ausgewählten Mikroregionen
↓
Analyse der Siedlungsdynamik in der Eisenzeit

Publikationsreihe 1
Archäologischer Atlas Westbaltikum

Publikationsreihe 2
Grundlagen der Siedlungs-forschung im Baltikum

Analoge und digitale Langfrist-Sicherung des kulturellen Erbes

Abb. 3: Forschungskontinuität – Kontinuitätsforschung. Der modulare Projektaufbau.

Konzept und Struktur

Die Datenbank dient als internes Arbeitsinstrument zur Verzahnung der drei Module. Sie erfasst und verknüpft die Resultate aus der Auswertung der vorkriegszeitlichen Quellenbestände in Modul 1 und aus der Prospektion und Untersuchung der Fundstellen im Rahmen der Feldforschungen in Modul 2 und 3. Mit ihrer fundortbezogenen Struktur liefert sie eine rekonstruierte Gesamtübersicht über die archäologischen Denkmäler im ehemaligen Ostpreußen und bietet zugleich einen Informations- und Wissensspeicher für deren Neubewertung. Als Rechercheinstrument ermöglicht die Datenbank die wissenschaftliche Arbeit und Suche mit und innerhalb der umfangreichen Datenmengen durch projektinterne wie externe Anwender. Durch die digitale Zusammenführung der Teilbestände der Prussia-Sammlungen und anderer Archive bündelt sie alle heute noch vorhandenen Quellen und die darin enthaltenen Informationen in einem Format. Schließlich ist die Datenbank auch Forschungsinstrument. Zu ihren Funktionalitäten zählen u. a. Berichte und Arbeitsmappen, die die Resultate aus der Erschließung der alten Quellen, kombiniert mit Ergebnissen aus den aktuellen Feldforschungen, dokumentieren. Sie stellt Daten bereit zur Projektion archäologischer und räumlicher Informationen im GIS. Für den »Archäologischen Atlas Westbaltikum« liefern die Datenfelder Strukturen und Inhalte der Publikation.

Strukturell gliedert sich die Datenbank in zwei große Bereiche. Ein Bereich ist der Ortsthesaurus zur Verwaltung und Erschließung der ostpreußischen Fundorte und Fundstellen vor 1945. Im zweiten Bereich erfasst und präsentiert sie die archäologischen Quellen, sowohl Archivalien wie auch Funde. Beide Bereiche können unabhängig voneinander genutzt werden, sind aber auch durch Verlinkungen verknüpft. Ergänzt werden sie durch eine Verwaltung der Bilddateien als »Medien« sowie eine Übersicht über fachspezifische »Literatur«, die ebenfalls verlinkt, aber auch individuell durchsuchbar sind.

Der »Ortsthesaurus vor 1945«

Der Ortsthesaurus ist geographisch und administrativ nach der bis 1945 bestehenden Verwaltung geordnet: Provinz Ostpreußen → Kreis Fischhausen → Fundort Kraam. Innerhalb dieser Struktur werden die archäologischen Daten erfasst. Dabei bildet der »Fundort« die oberste Ebene. Die an einem Fundort belegten »Fundstellen« folgen auf der Ebene darunter. Den Abschluss dieser hierarchischen Struktur bilden die den Fundstellen zugehörigen »Befunde«. Die Basis für den Ortsthesaurus bildet der am MVF Berlin verwahrte Archivalien- und Objektbestand aus Königsberg. Die Bezeichnung der Fundorte ergibt sich aus der namengebenden Ortslage einer Gemarkung. Aufgrund dieser größeren räumlichen Struktur kann ein Fundort eine oder auch mehrere Fundstellen umfassen (Abb. 4).

Parallel zur vorkriegszeitlichen Verwaltung wurde ein zweiter, ebenfalls hierarchisch gegliederter »Ortsthesaurus nach 1945« angelegt. Für alle ehemals deutschen Fundorte wurden in Zusammenarbeit mit dem Archiv des MVF Berlin die heutigen Entsprechungen samt ihrer aktuellen Verwaltungszugehörigkeit ermittelt. Die beiden Ortsthesauri ermöglichen so für den internationalen Kreis der Anwender eine Recherche der Fundorte nach dem »alten« oder dem in der modernen Forschung verwendeten »neuen« Namen.

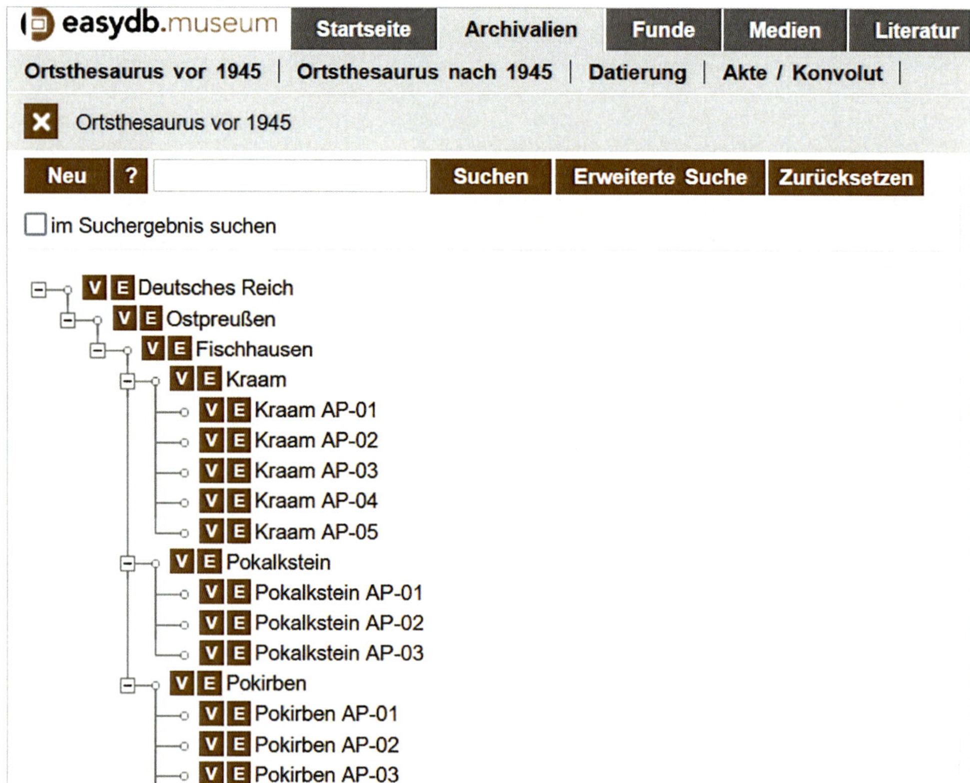

Abb. 4: Screenshot des »Ortsthesaurus vor 1945« mit seinen hierarchisch geordneten Ebenen in der Projektdatenbank.

Archivalien und Funde

Schrift- und Bildquellen werden in der Datenbank in ihrer kleinsten Einheit erfasst, dem Einzelblatt. Dabei kann es sich um ein Papierblatt, eine Karteikarte oder ein Foto handeln. Werden etwa mehrere Blätter als Teile eines mehrseitigen Grabungsberichtes identifiziert, können sie virtuell zusammengestellt, aber auch ergänzt oder umsortiert werden, je nach Fortschritt der Erschließungsarbeiten. Das gilt ebenfalls für die sog. Ortsakten. Diese stellen eine übergeordnete Sammlung von Dokumenten und losen Einzelblättern zu einem Fundort dar. Sie wurden seit den 1990er Jahren im MVF Berlin bestmöglich inhaltlich zusammengeführt, können jedoch in Form und Vollständigkeit dem seinerzeitigen Zustand im Prussia-Archiv naturgemäß nicht entsprechen. Vielmehr spiegeln sie den Stand der Erhaltung der Bestände wider und können sich im Laufe der Projektarbeit in ihrer Zusammensetzung noch ändern.

Archivalien und Funde werden in eigenen Erfassungsmasken systematisch aufgenommen und können jeweils mit Fundorten, Fundstellen oder Befunden verknüpft werden. Darüber hinaus lassen sich Bezüge zu den Literatureinträgen herstellen. Einzelblätter und

Funde können wechselseitig aufeinander verweisen. In der Datenbank werden alle Einzelblätter mit Angaben zum Zustand und Aufbewahrungsort sowie zu Personen, Ereignissen oder anderen archäologischen Inhalten erfasst. Die Funddaten enthalten Informationen zum Material, zu den Maßen und zur Beschreibung der Fundstücke, aber auch archäologische Kategorisierungen wie den Typ und die Datierung der Objekte. Alle Datensätze der Funde und Archivalien sind mit hochauflösenden Bilddateien verknüpft.

Seit November 2020 steht in einer ersten Phase ein Großteil der Daten für die fachöffentliche wissenschaftliche Nutzung zur Verfügung. Recherche und Präsentation in der Datenbank sind für die internationalen Nutzer zweisprachig (deutsch/englisch) angelegt. Der Zugriff auf sensible Informationen wird über individuelle Zugangsrechte gestaffelt und die jeweilige Berechtigung eng zwischen dem Projekt und den Institutionen in den heutigen Nationalstaaten, u. a. vertreten im wissenschaftlichen Projektbeirat, abgestimmt. Die Administration der Zugänge wird in Modul 1 koordiniert und umgesetzt.

Die Rekonstruktion der archäologischen Fundlandschaft im ehemaligen Ostpreußen

Die »Rekonstruktion« der vorkriegszeitlichen archäologischen Fundstellen auf Basis der Archivalien und Funde ist zentral für die Wiederherstellung der Forschungskontinuität im Gebiet des ehemaligen Ostpreußen. Die Struktur und Vollständigkeit der Dokumentation im Archiv des Prussia-Museums ist 1945 verloren gegangen. Anzahl und Lage sowie Charakter und Zeitstellung der Denkmäler gilt es daher in ihrer Gesamtheit neu zu erschließen.

Konzept und Methodik

Um welche Art von Fundstellen es sich handelt, zeigt die ältere Forschungsliteratur. In seiner 1908 publizierten »Vorgeschichtlichen Übersichtskarte von Ostpreußen« nannte Emil Hollack u. a. Gräber und Gräberfelder, Hügelgräber, Niederlassungen, Schlossberge, Burgwälle, Depot- und Einzelfunde als wichtige Denkmalgattungen.[14] Seine Zusammenstellung ist die letzte vollständige Referenz für den Denkmälerbestand zu Beginn des 20. Jahrhunderts. Hollack beschreibt ca. 1500 Fundstellen an rund 1100 Fundorten. Demgegenüber verweist allein die Zahl von fast 2700 Fundorten in der Projektdatenbank auf einen beträchtlichen Anstieg der archäologischen Aktivitäten in den Jahrzehnten bis Kriegsbeginn. Wie hoch dieser Zuwachs tatsächlich war, welche Art von Denkmälern er umfasste und wo die Fundstellen verteilt lagen, ist unbekannt. Erste Auswertungen der Ortsakten ergeben ein Bild, wonach die Dichte der Fundstellen im Samland besonders hoch ist, das Gebiet beiderseits der Memel dagegen eine deutlich geringere Zahl aufweist.

Bei der Rekonstruktion der Fundstellen ist zu bedenken, dass die Akten lückenhaft sind und damit den Denkmälerbestand nur zum Teil wiedergeben. Daher wurde ein methodisches Konzept entwickelt, das der spezifischen Quellenlage Rechnung trägt. Dieses

14 Hollack, Emil: Erläuterungen zur vorgeschichtlichen Übersichtskarte von Ostpreußen. Glogau-Berlin 1908.

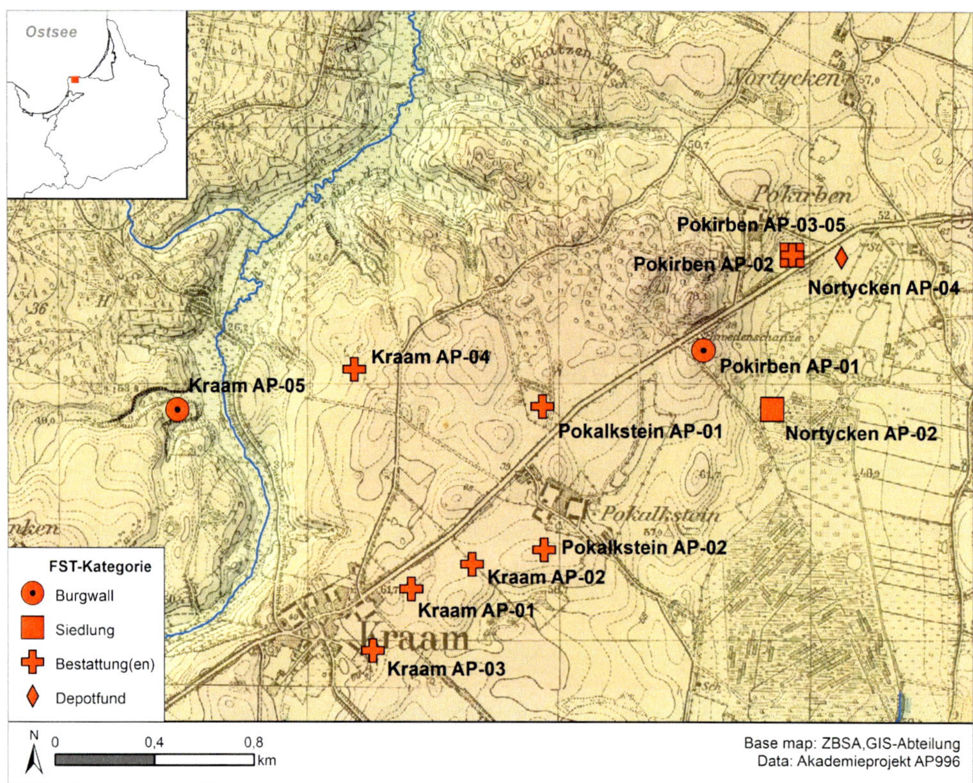

Abb. 5: Karte mit der räumlichen Verteilung der Fundstellen in der Mikroregion Kraam-Pokirben im Samland.

wurde in einer Testregion im nordwestlichen Samland detailliert geprüft und seither bei der Bearbeitung der weiteren Schwerpunktregionen erfolgreich angewendet. Die Sammlung aller Informationen erfolgt in der Projektdatenbank. Für die Ordnung der Fundstellen wurde ein künstliches Gerüst erstellt. Jede Fundstelle erhält darin eine sog. Akademieprojekt-Nummer, kurz AP-Nummer. Für den Fundort Kraam wurden z. B. die dort rekonstruierten Fundstellen als Kraam AP-01 bis Kraam AP-05 dokumentiert. Alte vorkriegszeitliche Bezeichnungen einer Fundstelle bleiben ebenso wie moderne Namen in dafür vorgesehenen Datenfeldern erhalten und damit recherchierbar. Auch fehlende Fundstellen werden berücksichtigt. Sind in den Akten Informationen für eine »Fundstelle 1« und eine »Fundstelle 3« vorhanden, wird eine »Fundstelle 2« als ehemals vorhanden aufgenommen. So besteht die Möglichkeit, ein vollzähliges Bild über die Denkmäler zu gewinnen, und gleichzeitig die Chance, auf Lücken hinzuweisen, die erst später durch Informationen aus anderen Quellenbeständen geschlossen werden können.

Die Sichtung und Erschließung der Akten zur Rekonstruktion der Fundstellen wird anhand fester Parameter durchgeführt. Neben der originalen Bezeichnung und der projektintern vergebenen Nummer sind dies vier Kriterien: der Quellennachweis, die Zeitstellung, der Denkmaltyp und die Lokalisierung einer Fundstelle. Dieser für das Projekt zentrale Prozess verbindet die Aufgaben der drei Module miteinander und wird daher gemeinsam umgesetzt.

Der Charakter und die Zeitstellung der rekonstruierten Fundstellen unterstreichen das aus den Publikationen bekannte Bild für Ostpreußen, bieten im Detail aber auch viele neue Informationen, die unsere Vorstellung von der dortigen Denkmälerlandschaft verändern. Im Samland sind die Gräberfelder der Kaiser- und Völkerwanderungszeit mit ca. 130 Fundstellen stark in den Quellen vertreten, ebenso wie die Hügelgräber mit 95 Nachweisen, die dort der Bronzezeit und der Vorrömischen Eisenzeit zugewiesen werden. Unerwartet sind jedoch die Hinweise auf Siedlungen, die in der Literatur bis 1945 kaum erwähnt sind. In den Akten werden sie in die Steinzeit bzw. in das Mittelalter datiert, aber auch die Kaiser- und Völkerwanderungszeit sind vereinzelt genannt. Diese Angaben sind überraschend, korrespondieren jedoch sehr gut mit aktuellen Ergebnissen in Modul 3, die eine Datierung auch der Burgwälle in die Kaiser-/Völkerwanderungszeit belegen.

Im Vergleich zwischen dem Samland und dem Memelgebiet sind es ebenfalls die Burgwälle, die in beiden Regionen gleichermaßen stark vertreten und als monumentale Anlagen bis heute in der Landschaft sichtbar sind. Im samländischen Kreis Fischhausen sind sie an 25 Fundorten mit 26 Anlagen durch Akten nachgewiesen, im Memelgebiet mit 26 Burgwällen an 24 Fundorten. Hier im östlichen Ostpreußen sind es darüber hinaus vor allem die Einzelfunde der Steinzeit sowie Gräberfelder der Kaiser- und Völkerwanderungszeit, aber auch des Mittelalters, die aus den Quellen deutlich hervortreten.

Hinsichtlich der Lage der rekonstruierten Fundstellen ergibt sich ein heterogenes Bild. Aus den Quellen gehen nur für einen Teil der 882 Denkmäler präzise Angaben zur Lokalisierung hervor. Die zahlreichen Einzelfunde, die sich in dieser Fundstellenzahl verbergen, sind in der Regel gar nicht oder eher nur grob zu verorten. Anders verhält es sich dagegen mit den bis heute obertägig erhaltenen Denkmälern wie den Burgwällen oder den Hügelgräbern. Hier ist eine Lokalisierung durch moderne Prospektionsmethoden möglich, selbst wenn in den Quellen Lageskizzen oder Lagebeschreibungen nicht vorhanden sind.

Beispielhaft für die aufeinander aufbauende Auswertung der Arbeiten in den Modulen 1, 2 und 3 steht die Mikroregion um die beiden Fundorte Kraam und Pokirben im Samland, zu deren Umfeld auch die Fundorte Pokalkstein und Nortycken gehören. Sie verdeutlicht das wissenschaftliche Potenzial der Verbindung von »alten« Informationen aus den vorkriegszeitlichen Quellen mit den »neuen« Ergebnissen der modernen Prospektionen der Fundstellen und der vertieften Einzeluntersuchung ausgewählter Denkmäler (Abb. 5).

Drei der Fundorte sind mit Ortsakten nachgewiesen. Die Akte »Kraam« umfasst 15, die Akte »Pokirben« 52 (Abb. 6) und die Akte »Pokalkstein« 16 Blatt. In Kraam konnten fünf Fundstellen rekonstruiert werden: ein Burgwall (Kraam AP-05) und drei Gräberfelder der Römischen Kaiserzeit (AP-01 bis AP-03) sowie ein weiteres Gräberfeld unbekannter Zeitstellung (AP-04). Der Fundort ist bei Hollack nicht vertreten. In Pokirben waren sechs Fundstellen in den Akten nachweisbar: ein Burgwall (Pokirben AP-01), ein Gräberfeld der Kaiser- und Völkerwanderungszeit (AP-02) sowie drei Siedlungen, eine aus der Vorrömischen Eisenzeit, die zweite aus dem Mittelalter und die dritte mit unbekannter Zeitstellung (AP-03 bis AP-05). Hinzu kommen Einzelfunde des Mittelalters (AP-06). Hollack verweist

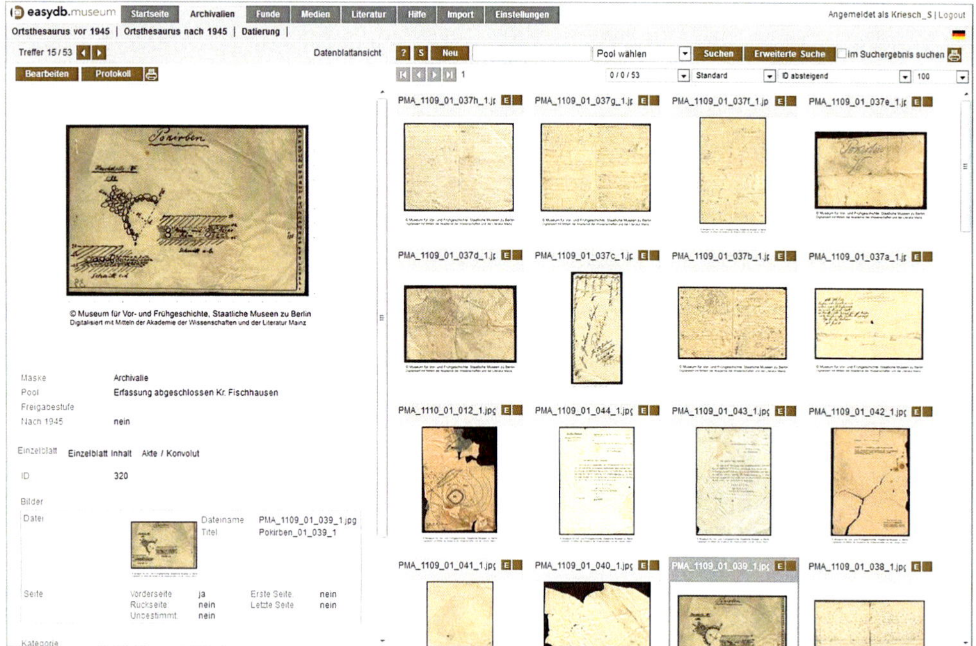

Abb. 6: Datenformular zur Erfassung eines Einzelblatts in der Projektdatenbank.

auf den Fundort Pokirben, kennt seinerzeit aber nur »Gräberfeldfunde«. Für den zwischen Kraam und Pokirben gelegenen Fundort Pokalkstein beschreibt die Akte drei Gräberfelder: eines (AP-01) wird in die Römische Kaiserzeit und das Mittelalter datiert, während die Belegungszeit der beiden anderen (AP-02 und AP-03) derzeit unbekannt bleibt. Nur ein Gräberfeld (wohl AP-01) wird bei Hollack erwähnt, der es in die Periode C der Römischen Kaiserzeit datiert. Der nordöstlich benachbarte Fundort Nortycken besitzt keine eigene Ortsakte, jedoch lassen sich zugehörige Fundstellen aus verschiedenen anderen Ortsakten gewinnen. Dazu zählen eine Fundstelle unbekannter Datierung und Kategorie (AP-01), zwei Siedlungen der Steinzeit (AP-02 und AP-03) sowie ein bronzezeitlicher Hortfund (AP-04). Letzterer wird auch bei Hollack als Depotfund der älteren Bronzezeit in Nortycken erwähnt; die übrigen Fundstellen sind nicht genannt. Für alle vier Fundorte gibt es ebenfalls Hinweise in den fundortbezogenen Karteikarten des sog. Fischhausen-Archivs.

Zieht man zusätzlich den in Berlin verwahrten Fundbestand heran, dann bestätigt dieser das Bild der Quellen. Für Kraam sind nur zwei Objekte erhalten, die beide in die Römische Kaiserzeit gehören und aus einem der entsprechend datierten Gräberfelder stammen dürften. Für Pokirben gibt es noch fünf Objekte, zwei davon aus der Völkerwanderungszeit, zwei aus dem Mittelalter und eines ist undatiert. Für Pokalkstein sind immerhin 109 Objekte vorhanden, welche zumindest z. T. vom Gräberfeld Pokalkstein AP-01 stammen und in die Römische Kaiserzeit und in das Mittelalter datiert werden, was mit der aus den Akten bekannten Zeitstellung des Gräberfeldes übereinstimmt. Aus der Gegend von Nortycken sind drei Fragmente erhalten, die in die Bronzezeit datiert werden und wohl zum Hortfund (AP-04) gehörten. Damit passen die heute noch erhaltenen Funde zu den angegebenen Datierungen der Fundstellen, decken jedoch aufgrund der Verluste im Fundbestand die gesamte chronologische Breite der Denkmäler nicht mehr ab. So ergibt sich ein annäherndes Gesamtbild erst im Vergleich und in der gegenseitigen Ergänzung aller verfügbaren Quellen, das anschließend im Rahmen der Feldforschungen verifiziert und präzisiert werden kann.

Die Relokalisierung vieler aus den Ortsakten rekonstruierter Fundstellen erfolgt im Modul 2 vor allem anhand von Lageskizzen. Die dann folgende Geländeprospektion sowie die Fernerkundung der Denkmäler in der Mikroregion zeigten, dass die zentralen Burgwälle in Kraam (AP-05) und Pokirben (AP-01) bis heute erhalten sind. Das Gelände der beiden lokalisierbaren Gräberfelder bei Pokalkstein (AP-01 und AP-02) sowie zwei der vier Gräberfelder bei Kraam (AP-02 und AP-04) bleibt derzeit unbebaut und leicht zugänglich. Gleiches gilt für das Gelände der Siedlungen und des Gräberfeldes bei Pokirben (AP-02 bis AP-05) und Nortycken (AP-02 bis AP-04), während die anderen zwei Flachgräberfelder bei Kraam (AP-01 und AP-03) heute teilweise durch die moderne russische Siedlung Gračevka überbaut sind. Eine zuverlässige Einschätzung des Erhaltungszustandes, der ursprünglichen Ausdehnung und der präzisen Datierung all dieser heute oberirdisch nicht sichtbaren Denkmäler ist jedoch ohne archäologische Bodeneingriffe nicht möglich.

Durch die vertiefende Einzeluntersuchung der Burgwälle in Modul 3 lässt sich nun die aus den Quellen rekonstruierte Fundstellenlandschaft in ihrer zeitlichen Verteilung direkt bestätigen. Vor allem die Datierung der Burgwälle mittels Bohrprospektion und gezielter Datierung organischer Proben aus den Bohrkernen ermöglicht es, die Fundstellen in zeitliche Beziehung zueinander zu setzen. So existieren der wahrscheinlich spätestens bereits seit der Vorrömischen Eisenzeit bestehende Burgwall von Pokirben und der in der Vorrömischen Eisenzeit angelegte Burgwall von Kraam exakt zur Hauptnutzungszeit der mittig zwischen den beiden Denkmälern liegenden Gräberfelder in der Römischen Kaiserzeit parallel zueinander. Beide scheinen zeitgleich zum Abbruch fast aller Gräberfelder nicht mehr genutzt zu werden. Lediglich der Burgwall Kraam weist auch eine mittelalterliche Phase auf, die wiederum mit den mittelalterlichen Einzelfunden aus Pokirben und einem der Gräberfelder von Pokalkstein in Zusammenhang gebracht werden kann. Somit stehen offenbar in der Mikroregion Kraam-Pokirben, abgesehen von den stein- und bronzezeitlichen Nachweisen für Nortycken, alle aus den Akten ermittelten Fundstellen und ihre Datierungen mit den Burgwällen in direkter Beziehung.

Die Rekonstruktion der archäologischen Fundstellen auf Grundlage der Ortsakten steht in der nächsten Projektphase weiterhin im Mittelpunkt der Arbeiten. Jährlich ist die Erschließung von 500 Fundorten und ihren Akten geplant. 2023 liegt eine erste vollständige Übersicht für 2100 archäologische Fundorte anhand von 2184 Ortsaktenbänden vor, deren Fundstellen als Basis für die siedlungsarchäologische Analyse im ehemaligen Ostpreußen dienen.

Modul 1: Digitalisierung und Datenmanagement (verantwortlich: Dr. Heidemarie Eilbracht mit Dr. Sebastian Kriesch)

Modul 1 bearbeitet die Archivalien und Bodenfunde des Königsberger Prussia-Museums. Zu den Archivalien zählen Ausgrabungsberichte, thematische Karteien, Fachkorrespondenzen und wissenschaftliche Nachlässe aus der Zeit von 1826 bis 1945. Auch der Fundbestand wurde in diesem Zeitraum zusammengetragen. Archivalien und Funde werden heute in Museen und Institutionen in Berlin, Schleswig, Olsztyn, Kaliningrad und anderen Orten aufbewahrt, wobei der mit rund 50000 Blatt umfangreichste Archivalienbestand ebenso wie der mit ca. 50000 Funden größte Objektbestand am MVF Berlin lagern. Aufgaben im Modul 1 sind die Einrichtung eines Zugangs zu den Archivalien unter Anwendung moderner Digitalisierungstechnik, die Erarbeitung eines kommentierten verlinkten Zugriffsystems im Sinne einer Quellenedition, der Aufbau eines digitalen Archivs im Rahmen einer Fundstellendatenbank sowie die Sichtung und Bearbeitung auch des archäologischen Fundmaterials. Schwerpunkt ist die Erschließung und Langzeitarchivierung der umfangreichen Archivalienbestände und ihre quellenkritische Bearbeitung in Verknüpfung mit dem Berliner Fundbestand der ehemaligen Prussia-Sammlung.

Für die Anfangsphase des Projekts seit 2012 waren zwei Arbeitsschritte wesentlich: die Digitalisierung der Berliner Archivalien und deren Auswertung, einhergehend mit dem Aufbau einer Fundstellendatenbank. Bereits 2014 war die Digitalisierung abgeschlossen. Für die Datenbank war projektintern ein Konzept erstellt und die Entwicklung an eine Fachfirma vergeben worden, so dass dieses entscheidende Werkzeug 2020 als »Fundstellendatenbank« in Betrieb gehen und der Fachöffentlichkeit zur Verfügung gestellt werden konnte. Des Weiteren wurde mit der Digitalisierung weiterer Archivalien begonnen. Ein externes Transkriptionsprojekt für die handschriftlich überlieferten Dokumente startete ebenfalls 2020 am MVF Berlin. Die in zwei DFG-Projekten bis 2018 am MVF Berlin erschlossenen Funddaten wurden 2019 in die Projektdatenbank integriert.

Das am MVF Berlin verwahrte Schrift- und Bildgut zur Archäologie Ostpreußens besitzt für das Projekt ebenso wie für die Fachcommunity einen besonders hohen wissenschaftlichen Wert. Die von den Originaldokumenten gewonnenen Scans stellen nicht nur die ortsunabhängige Nutzung dieser Quellen sicher und schonen zugleich die wertvollen Originale, sondern leisten auch einen Beitrag zur dauerhaften Bewahrung der darin enthaltenen Informationen. Von etwa 50000 Blatt Archivgut wurden rund 38000 Blatt als forschungsrelevant bewertet (Abb. 7). Seit Abschluss der Digitalisierung stehen diese bereits für Forscher/innen vor Ort im MVF Berlin zur Verfügung.

Sukzessive werden die digitalen Dokumente und Bilder seither auch in die Projektdatenbank integriert. Dazu wurde in Abstimmung mit dem Archiv des MVF Berlin ein mehrstufiger Arbeitsprozess entwickelt. Dieser beinhaltet die Erfassung und Redaktion der archäologischen Informationen, die Prüfung und Anpassung der Dateinamen, den Schutz des Bildmaterials (Copyright, Wasserzeichen, Metadaten etc.), die Migration der Daten und Bilddateien sowie die abschließende Verknüpfung der Datensätze innerhalb der Datenbank. 2017 wurde die Aufnahme der 2184 Ortsaktenbände (als PDF-Dateien) abge-

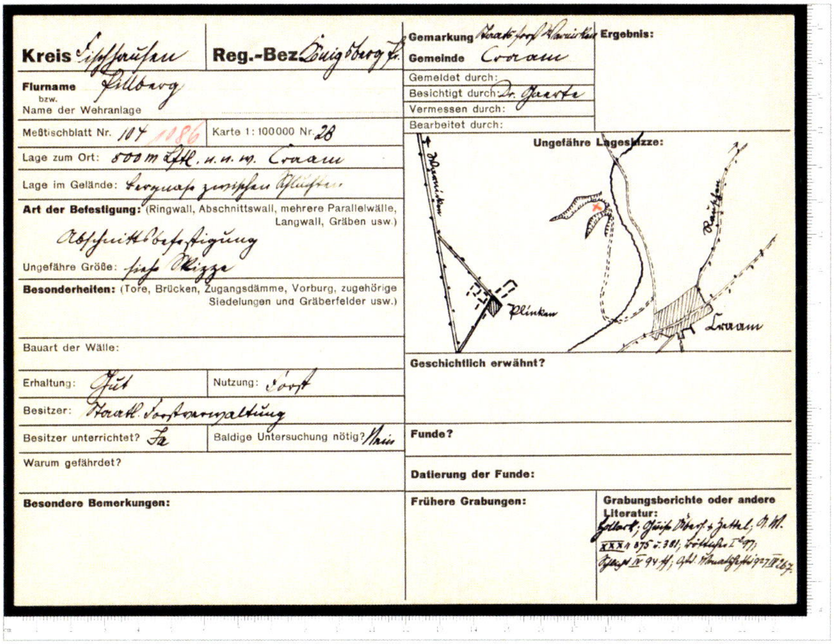
Kreis Fischhausen | Reg.-Bez. Königsberg Pr.

Flurname bzw. Name der Wehranlage: Pillberg

Meßtischblatt Nr. 104 1186 | Karte 1:100000 Nr. 28

Lage zum Ort: 500 m Lftl. n.n.w. Craam

Lage im Gelände: Bergnase zwischen Schluchten

Art der Befestigung: (Ringwall, Abschnittswall, mehrere Parallelwälle, Langwall, Gräben usw.)
Abschnittsbefestigung

Ungefähre Größe: siehe Skizze

Besonderheiten: (Tore, Brücken, Zugangsdämme, Vorburg, zugehörige Siedelungen und Gräberfelder usw.)

Bauart der Wälle:

Erhaltung: Gut | Nutzung: Forst

Besitzer: Staatl. Forstverwaltung

Besitzer unterrichtet? Ja | Baldige Untersuchung nötig? Nein

Warum gefährdet?

Besondere Bemerkungen:

Gemarkung Staatsforst Warnicken

Gemeinde Craam

Gemeldet durch:

Besichtigt durch: Dr. Gaerte

Vermessen durch:

Bearbeitet durch:

Ergebnis:

Ungefähre Lageskizze:

Geschichtlich erwähnt?

Funde?

Datierung der Funde:

Frühere Grabungen:

Grabungsberichte oder andere Literatur:

Abb. 7: Digitalisat einer Karteikarte aus dem Nachlass Unverzagt mit Lageskizze des Burgwalls von Craam, Kr. Fischhausen.

schlossen und diese mit den zugehörigen Fundorten verlinkt. Mittlerweile sind ebenfalls sämtliche gut 20500 Einzelblätter als Bilddateien (JPG-Dateien) in die Datenbank integriert und als recherchierbare Datensätze angelegt worden. Die Einzelblätter werden u.a. genutzt, um die archäologischen Denkmäler individuell nachzuweisen oder um die Suche nach spezifischen Inhalten wie z.B. Fundzeichnungen gezielt durchführen zu können.

Bei der Integration weiterer Archivbestände bestimmt der Grad der Projektrelevanz die Reihenfolge der Bearbeitung. Wesentliches Kriterium zur Aufnahme in die Datenbank ist der Informationsgehalt zu den vor 1945 bekannten Fundstellen in Ostpreußen. So stehen aktuell die »Grabungspläne, Karten und Fundstellenverzeichnisse« mit ca. 1000 Blatt und die »Inventarbücher und Verzeichnisse archäologischer Sammlungen« mit ca. 3500 Blatt im Vordergrund der Arbeiten. Zu den Fundstellenverzeichnissen gehört die sog. Burgwall-Kartei aus dem Nachlass von Wilhelm Unverzagt. Diese stellt eine Sammlung von Karteikarten aus dem Projekt der 1927 gegründeten »Arbeitsgemeinschaft zur Erfassung der nord- und ostdeutschen vor- und frühgeschichtlichen Wall- und Wehranlagen« dar. Ein Verzeichnis einer archäologischen Sammlung ist dagegen die sog. Fibelkartei von Kurt Voigtmann, die Informationen enthält, zu denen er als Mitarbeiter des Prussia-Museums (seit 1933) Zugang hatte. Beide Konvolute befinden sich im MVF Berlin.

Wichtige Fundstellen-Angaben finden sich auch in externen Beständen, die an Institutionen außerhalb Berlins aufbewahrt werden. Beispiel dafür ist ein Konvolut von 1350 Kar-

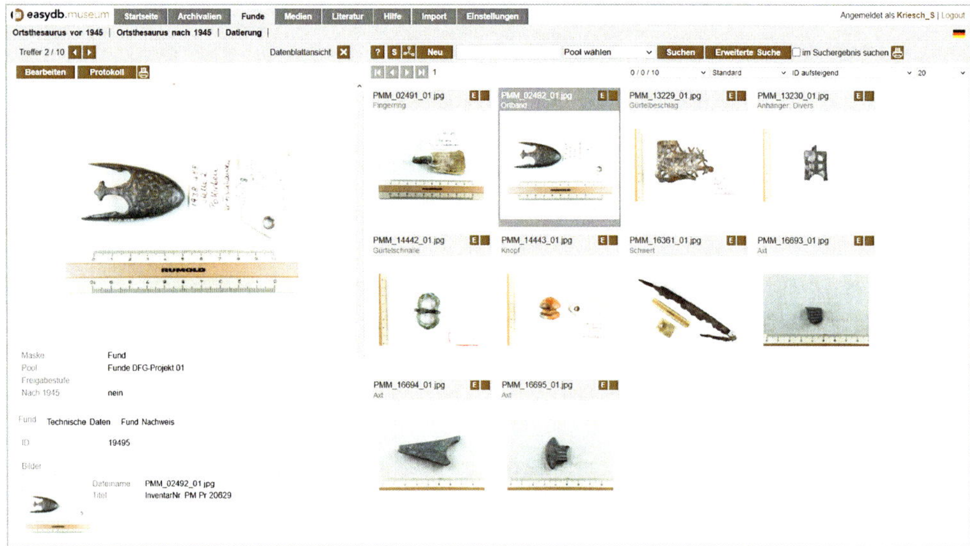

Abb. 8: Datenformular zur Erfassung eines Fundstücks in der Projektdatenbank.

teikarten mit Notizen, Fotos und Zeichnungen von archäologischen Denkmälern in Ostpreußen aus dem Nachlass von Carl Engel an der Universität Göttingen. Engel war von 1929 bis 1934 Mitarbeiter und aktiver Ausgräber für das Prussia-Museum. Die von ihm in der Kartei verwendeten Abbildungen stellen überwiegend originale, meist unveröffentlichte Dokumente aus Königsberg dar. Die Karteikarten konnten im Projekt in Kooperation mit dem MVF Berlin 2015 digitalisiert werden. Die Erfassung der archäologischen Informationen und die Migration der Daten ist abgeschlossen. Beispielhaft zeigt dieser Bestand das Potenzial für den Zuwachs an Informationen: Er liefert immerhin 61 »neue« ostpreußische Fundorte, die in den Berliner Ortsakten bislang nicht vertreten sind.

Ähnlich hohe Qualität besitzt eine Sammlung von knapp 650 Karteikarten aus dem Nachlass von Hermann Sommer, das sog. Fischhausen-Archiv, das im ZBSA Schleswig aufbewahrt wird. Mit ihm ist die »Dienststelle zur Pflege und Erhaltung der Kulturgüter im Kreis Fischhausen« verbunden, die er von 1930 bis 1945 leitete.[15] Der Fundus an Karteikarten zu den archäologischen Fundstellen im Kreisgebiet entspricht offenbar dem in Königsberg angelegten Kartei-Archiv zu den Denkmälern im gesamten Ostpreußen. Die Karten im Fischhausen-Archiv ergänzen durch zahlreiche Lageskizzen und -beschreibungen die Informationen aus den Ortsakten.

Neben der Erschließung der Archivalien gehört die Einbeziehung der archäologischen Funde der Prussia-Sammlung zu den Aufgaben im Modul 1 mit dem Ziel, die Gesamtheit der ostpreußischen Bestände für die Forschung an einem Ort verfügbar werden zu las-

15 Prassolow, Jaroslaw: Hermann Sommer and his archaeological legacy. Preservation of cultural monuments on the Sambian Peninsula in the period 1929–1945. In: Archaeologia Baltica 27 (2020), 120–135.

sen. Aufgrund langer Erfahrungen mit den Prussia-Beständen war von Beginn an jedoch klar, dass die mit der Re-Identifizierung von tausenden von Fundstücken und der Rekonstruktion der zugehörigen Kontexte einhergehenden zeit- und personalintensiven Untersuchungen innerhalb des Projekts nicht zu leisten wären. Daher wurde entschieden, die größten und wichtigsten Fundkomplexe im Rahmen externer wissenschaftlicher Projekte gesondert aufzuarbeiten, um das Potenzial dieser Quellen umfassend ausschöpfen zu können.

Durch die erfolgreiche Antragstellung bei der Deutschen Forschungsgemeinschaft (DFG) konnten am MVF Berlin unter der Leitung von Matthias Wemhoff und Kollegen zwischen 2011 und 2018 zwei eigenständige Forschungsprojekte zur Fundbearbeitung umgesetzt werden. Von den am MVF Berlin aufbewahrten Königsberger Prussia-Funden sind in diesem Rahmen gut 9000 Objekte der Römischen Kaiserzeit und der Völkerwanderungszeit bearbeitet worden (DFG-Projekt 2: Dr. Chr. Jahn/I. Szter M. A.) sowie ebenfalls etwa 9000 mittelalterliche Objekte des 9. bis 15. Jahrhunderts (DFG-Projekt 1: Dr. Norbert Goßler (†)/Dr. Christoph Jahn). Die in den Projekten erzielten Resultate wurden in mehreren Publikationen vorgelegt.[16] Die Funde sind auf »smb digital«, dem Online-Portal der Staatlichen Museen zu Berlin, digital abrufbar.[17]

Nach Abschluss der beiden DFG-Projekte und Veröffentlichung der Ergebnisse durch die Bearbeiter sind inzwischen alle Funde mit ihren archäologisch-inhaltlichen sowie ihren formal-technischen Informationen in die Projektdatenbank »prussia museum digital« integriert worden. Auch die zugehörigen Bilddateien wurden migriert. Etwa 13000 Funde waren nach Ende der Bearbeitung insgesamt 211 Fundorten zuzuweisen (Abb. 8). Die übrigen Funde sind ohne Kontext und daher im Ortsthesaurus mit einem unbekannten Fundort verknüpft (Provinz Ostpreußen → Kreis Unbekannt → Fundort Unbekannt). Die systematische Erfassung und Verschlagwortung auf Basis umfangreicher kontrollierter Vokabulare und Wertelisten ermöglicht eine breite Recherche. Überwiegend handelt es sich um Objekte aus Bronze und Eisen, aber auch kleinere Gruppen von Bernstein, Glas, Email und anderen Materialien sind vertreten. Tracht- und Körperschmuck stellt mit etwa 9000 Objekten die größte Gruppe dar; allein 2700 Fibeln sind vorhanden, davon über 800 Stück aus dem mittelalterlichen Fundbestand, die übrigen aus Kaiser- und Völkerwanderungszeit.

Über die in Berlin verwahrten Funde hinaus konnte im Rahmen des DFG-Projekts 2 erstmals auch der in Kaliningrad aufbewahrte Teil der früheren Prussia-Sammlung gesichtet und in die Bearbeitung der kaiser- und völkerwanderungszeitlichen Funde integriert werden.[18] Dabei handelt es sich um Fundmaterial, das vor Ende des Zweiten Welt-

16 U. a. Goßler, Norbert (†), Jahn, Christoph: Wikinger und Balten an der Memel. Die Ausgrabungen des frühgeschichtlichen Gräberfeldes von Linkuhnen in Ostpreußen 1928–1939 (Studien zur Siedlungsgeschichte und Archäologie der Ostseegebiete 16), Mainz 2019; zusammenfassend: Jahn, Christoph, Neumayer Heino, und Szter, Isa: Die Odyssee der Prussia-Sammlung an das Museum für Vor- und Frühgeschichte Berlin und ihre wissenschaftliche Rekonstruktion: ein (Etappen-) Bericht. In: Acta Praehistorica et Archaeologica 50 (2018), 101–163.

17 https://recherche.smb.museum (Zugriff 1. 8. 2023) oder vertiefend: https://recherche.smb.museum/?language=de&limit=15&sort=relevance&controls=none&collectionKey=MVF* (Zugriff am 1. 8. 2023).

18 Jahn et al., Odyssee (wie Anm. 15).

Abb. 9: Besuch des ehrenamtlichen Mitarbeiters A. Mohr (links) 2015 im Archiv des MVF Berlin; rechts der Archivleiter H. Junker.

kriegs in die Befestigungsanlagen Königsbergs ausgelagert worden war. Ende der 1990er Jahre wurden diese Funde durch russische Kollegen wiederentdeckt, leider in sehr schlechtem Zustand.[19] Sie befinden sich heute im Kaliningrader Gebietsmuseum für Geschichte und Kunst. Die systematische Erfassung durch das DFG-Projekt zeigte, dass vom größten Teil der Funde nur Fragmente erhalten sind, die eine typologische Bestimmung und wissenschaftliche Zuordnung nicht mehr zulassen. Immerhin konnten aber 1700 Fundstücke re-identifiziert und bearbeitet werden. In Kooperation zwischen dem MVF Berlin, dem Kaliningrader Museum und dem Akademieprojekt sind diese seit Ende 2020 als digitaler Fundbestand in der Projektdatenbank für die Forschung nutzbar.

Erstmals zeichnet sich mit den Ergebnissen zu den Funden des Mittelalters bzw. der Kaiser- und Völkerwanderungszeit sowie den neolithischen Objekten in Berlin und den genannten Beständen in Kaliningrad und Olsztyn eine genauere Zahl der erhaltenen Fundbestände ab, zumindest im Hinblick auf die archäologisch bestimmbaren Stücke. Dem gegenüber steht eine sehr große Gruppe fragmentierter bzw. kontextloser Stücke, die zwar physisch vorhanden sind, ihren Aussagewert als archäologische Quellen jedoch weitgehend verloren haben. Umso wichtiger ist es, dass die Projektdatenbank es ermöglicht, bislang unbekannte und/oder unbearbeitete Funde für die Forschung digital zu visualisie-

19 Adlung et. al, Die Prussia-Sammlung (wie Anm. 3), 50 f.

ren. Die derzeit ca. 5100 Objekte mit unbekanntem Fundort können auf diese Weise durch Fachkollegen und Fachkolleginnen identifiziert und damit wieder in die Forschung zurückgeführt werden.

Für die Bearbeitung der Archivalien wird seit 2015/16 externe Expertise mit genutzt. Dahinter steht ein vom Akademieprojekt initiiertes Vorhaben zur Transkription der Königsberger Akten unter fachlicher Leitung des Archivs am MVF Berlin mit sechs ehrenamtlichen Mitarbeitern (Abb. 9).[20] Ziel ist es, die handschriftlich in Kurrent und Sütterlin verfassten Dokumente durch die Übertragung in lateinische Druckschrift vereinfacht zugänglich zu machen und damit ihren Nutzen als historische Quellen deutlich zu erhöhen. Dies richtet sich an Fachleute, die die Handschriften nicht (mehr) lesen können, aber auch an einen internationalen, nicht-muttersprachlichen Nutzerkreis. Die Transkriptionen werden perspektivisch als zitierfähige Dokumente gemeinsam mit den originalen Akten in der Projektdatenbank präsentiert. Für dieses Vorhaben wird ab 2021 eine Mitarbeiterstelle durch das beim BKGE (Bundesinstitut für Kultur und Geschichte der Deutschen im östlichen Europa) bzw. das BKM (Bundesbeauftragte für Kultur und Medien) finanziert, die eine umfangreiche Qualitätskontrolle durchführen und die jeweiligen Dokumente finalisieren wird, um sie dann in die Projektdatenbank einzustellen.

Damit wird ein weiterer wesentlicher Schritt für die Bewahrung der Archiv- und Sammlungsbestände aus dem Königsberger Prussia-Museum und die »Wiederherstellung der längst überfälligen Forschungskontinuität mit dem Ziel der langfristigen Sicherung eines außergewöhnlichen kulturellen Erbes« gegangen.

Modul 2: Validierung und Verifizierung der Denkmäler (verantwortlich: Dr. Dr. Jaroslaw Prassolow)

Die Wiederherstellung der archäologischen Forschungskontinuität in der in Frage kommenden Region des Ostseegebietes setzt die Rekonstruktion des vorkriegszeitlichen fachlichen Erkenntnisstandes sowie seine moderne Aktualisierung voraus. Das Hauptforschungsziel des Moduls 2 stellt in diesem Kontext die primäre Verifizierung der aus den alten Quellen gewonnenen denkmalrelevanten Daten (Modul 1) durch moderne Geländeprospektionen sowie die anschließende GIS-gestützte Validierung bzw. Auswertung dieser Angaben dar. Alle Informationen in der Projektdatenbank werden mit einem geographischen Informationssystem (GIS) verschnitten und der Fachwelt zur Verfügung gestellt. Gleichzeitig dienen sie als Grundlage für die Auswahl der zu untersuchenden Denkmäler im Rahmen der Siedlungsforschungen von Modul 3.

Zu den Forschungsaufgaben im Modul 2 gehören die Verifizierung der vorkriegszeitlichen Angaben zu den bis 1945 entdeckten archäologischen Denkmälern sowie die moderne Validierung der letzteren. Ein wichtiges Instrument dafür stellen Prospektionen dar. Die Auswahl der zu besichtigenden Denkmäler basiert auf den Ergebnissen der vorausgehenden Fundstellenrekonstruktion. Als Grundlage für die moderne Relokalisierung

20 www.akademieprojekt-baltikum.eu/transkriptionsprojekt.html (Zugriff 1.8.2023).

der vor 1945 bekannten Fundstellen dienen vor allem Lageskizzen sowie genaue Lagebeschreibungen in den vorkriegszeitlichen Archivalien und Fachpublikationen. Zentrale Quelle zur Bewertung von Lage und Charakter der Fundstellen ist das im MVF Berlin aufbewahrte Archiv des Königsberger Prussia-Museums. Jedoch rückte im Laufe der Verifizierung von archäologischen Denkmälern im ehemaligen Kreis Fischhausen auf der heutigen Kaliningrader Halbinsel das von dem Kreisdenkmalpfleger Hermann Sommer zusammengestellte Archiv, welches 1945 aus Ostpreußen evakuiert und seit 2006 in Schleswig aufbewahrt wird, immer mehr in den Vordergrund. Nach der 2016 in Kooperation mit der ZBSA GIS-Abteilung durchgeführten Digitalisierung, Transkription und vorläufigen Auswertung dieses Archivs wurden die gewonnenen Daten für die Weiterentwicklung des projektintern entwickelten GIS-gestützten Modells der archäologischen Landschaft (»Basis-GIS«, siehe unten) sowie für die Vorbereitung der archäologischen Prospektionen verstärkt genutzt. Die Bedeutung dieses sog. Fischhausen-Archivs für die Fundstellenrekonstruktion im Samland ist mit der des Prussia-Archivs vergleichbar, wobei der Anteil der mit Lageskizzen versehenen Fundstellenbeschreibungen in der erstgenannten Quelle sogar wesentlich höher ist. Die gegenseitige Vervollständigung der Angaben aus den beiden Archiven führte zu einer massiven Qualitätssteigerung der Prospektionsvorbereitung in der Region. Die vorkriegszeitlichen Angaben zur Lage und Erhaltung von archäologischen Denkmälern wurden auch mit modernen Datensätzen zu den aktuellen Gegebenheiten im jeweiligen Untersuchungsgebiet ergänzt. Eine wichtige Rolle spielten dabei einerseits öffentlich zugängige Satelliten- und Luftbilder, andererseits Hinweise erfahrener Kaliningrader Archäologen, mit denen seit langer Zeit eine enge Kooperation gepflegt wird, sowie Angaben aus modernen Fachpublikationen und Grabungsberichten russischer Kollegen.

Die auf diese Weise vorausgewerteten Denkmalangaben wurden im Rahmen von Prospektionen verifiziert. Während in den ersten Prospektionskampagnen 2013 bis 2016 der Schwerpunkt auf die Durchführung der Geländebegehungen vor Ort gelegt wurde, konnte diese Forschungsstrategie in den folgenden Jahren optimiert werden. Die gesammelte Erfahrung zeigte, dass in vielen Fällen vergleichbar präzise moderne Informationen zur Lage und zum Erhaltungszustand der Denkmäler auch über die hochauflösenden und in kurzen zeitlichen Abständen aktualisierten Luft- und Satellitenbilder gesammelt werden können. Dieser Ansatz lässt sich vor allem bei solchen archäologischen Denkmälern effizient einsetzen, welche aus der Luft nachweislich identifiziert werden können. Die sich derzeit in stark bewaldeten Gebieten befindlichen Denkmäler sowie solche mit komplexer Struktur, zu denen vor allem Burgwälle gehören, müssen dagegen weiterhin vor Ort verifiziert werden. Der optimierte und 2018 erfolgreich getestete Prospektionsansatz der Fernerkundung wurde seitdem verstärkt eingesetzt und resultierte in einer bedeutenden Reduzierung des mit der Durchführung der Geländeprospektionen verbundenen zeitlichen und finanziellen Aufwandes. Besonders bei ungünstigen Landschaftsbedingungen wie etwa bei versumpften oder sonstigen schwer zugänglichen Gebieten hat sich dieser Ansatz bewährt. Ebenfalls aktuell ist seine Anwendung im Fall der Zugangsbeschränkungen zu den Denkmälern, deren Gelände sich heute im Privat- oder Staatsbesitz befindet.

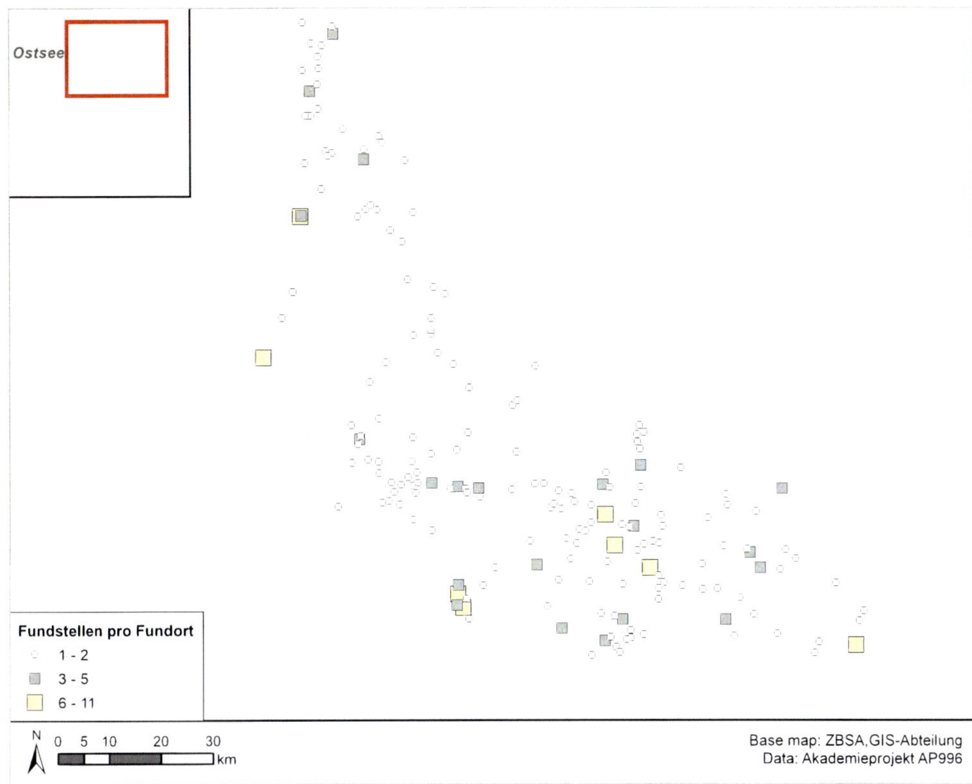

Abb. 10: Relokalisierte archäologische Denkmäler im Samland. Stand 2020.

Auch die Wirkung der durch die COVID19-Pandemie ab 2020 verursachten Reiseeinschränkungen konnte durch das Arbeiten per Fernerkundung effizient ausgeglichen werden. Da das Kaliningrader Gebiet seit dem Februar 2022 nicht mehr zugänglich ist, erweist sich dieser Ansatz auch vor diesem Hintergrund als effizient.

Die geographischen Koordinaten der rekonstruierten Fundstellen wurden in Folge einer Projektion der in den Archivalien vorhandenen Lageskizzen und/oder in Umsetzung der detaillierten Textangaben zur Lage der Denkmäler im Gelände auf die modernen Satellitenbilder sowie auf die vorkriegszeitlichen Topographischen Karten im Maßstab 1:25 000 (sog. TK 25 bzw. Messtischblätter) im Basis-GIS bestimmt.

Die Ergebnisse der ohne Bodeneingriffe vor Ort bzw. per Fernerkundung durchgeführten Validierung der Denkmäler wurden in ausgewählten Fällen durch die den Fachpublikationen und Grabungsberichten der Nachkriegszeit entnommenen Feldforschungsergebnisse russischer Archäologen ergänzt. Die 2016 geschlossene Kooperationsvereinbarung zwischen dem ZBSA Schleswig und dem MVF Berlin einerseits sowie dem Archäologischen Institut (IA RAN) Moskau andererseits erlaubt systematische Vergleichsanalysen großer Volumen vorkriegszeitlicher Daten und moderner Ausgrabungsergebnisse für

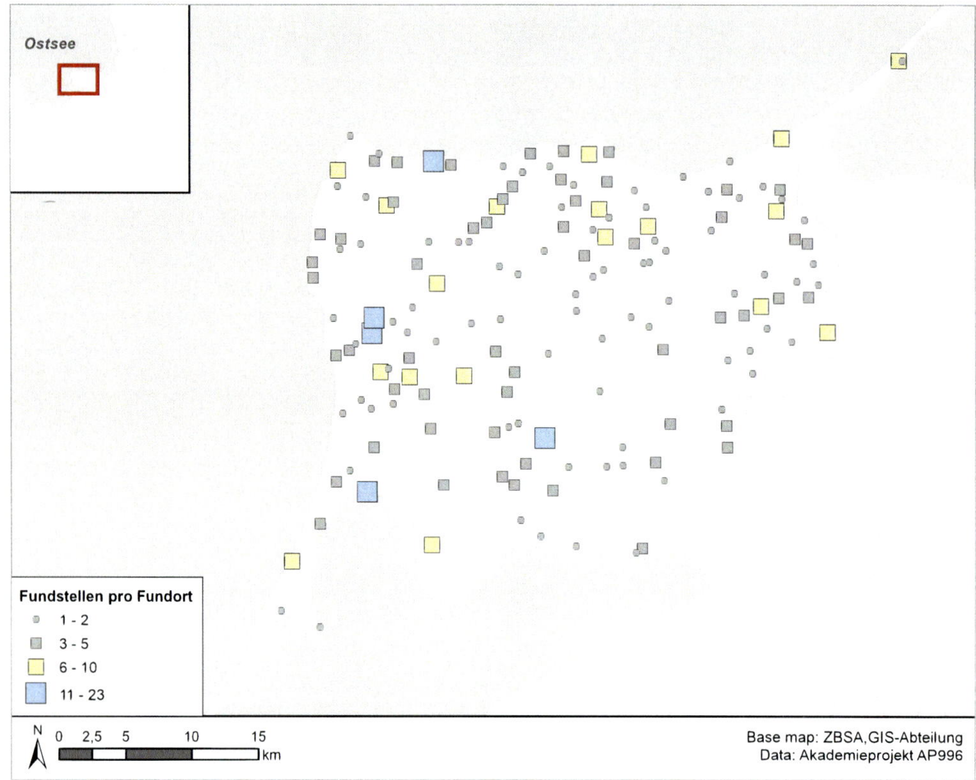

Abb. 11: Relokalisierte archäologische Denkmäler im Memelgebiet. Stand 2020.

den heute russischen Teil Ostpreußens. Dieser Ansatz ermöglicht eine Vervollständigung und, daraus resultierend, eine aktualisierte Interpretation der aus den alten Quellen rekonstruierten Angaben. Allerdings sind alle auf dieser Kooperation beruhenden Arbeiten derzeit ausgesetzt.

Im Rahmen der Arbeiten zur Verifizierung und Validierung konnten bisher mehrere Hundert Fundorte mit mehr als 1000 Fundstellen im Samland (Abb. 10) sowie im Memelgebiet (Abb. 11) relokalisiert bzw. in der Datenbank sowie im Basis-GIS kartiert werden. Im Ergebnis haben sich damit erste Beobachtungen bezüglich der unterschiedlichen Erhaltung verschiedener Denkmalkategorien in der damaligen Testregion im nordwestlichen Samland auch für das größere Gebiet bestätigt. Viele archäologische Denkmäler bzw. die Lage der heute nicht mehr erhaltenen Denkmäler konnten verortet werden, was sich einerseits auf ihre Natur bzw. auf die beträchtlichen Dimensionen (Burgwälle, Hügelgräbergruppen und großflächige Gräberfelder) zurückführen lässt, andererseits aber auch ihrer ursprünglich genauen Kartierung in der vorkriegszeitlichen Forschungsperiode zu verdanken ist.

Die heute nach wie vor am besten sichtbare, jedoch gleichzeitig durch Ausgrabungen am wenigsten untersuchte Denkmalkategorie stellen Burgwälle dar. Ihre Relokalisierung und die Aktualisierung der vorhandenen Beschreibungen stellen aufgrund der meist unveränderten Erhaltung seit 1945 eine relativ einfache Aufgabe dar. Ganz anders sieht es bei den ursprünglich sehr zahlreichen Hügelgräbern aus. Die Mehrzahl der Hügelgräber, welche in der Nähe von historischen Ortschaften, Straßen, Eisenbahntrassen oder anderen Elementen der stark entwickelten vorkriegszeitlichen Siedlungs- und Wirtschaftsinfrastruktur Ostpreußens lagen, wurden in der Neuzeit durch die Landwirtschaft und/oder industrielle Entwicklung zerstört, etwa, indem man sie als Materialquelle für die bei der Bautätigkeit und Entwicklung der Infrastruktur in der Provinz gebrauchten Steine benutzte. Die mit der Bewirtschaftung des Gebietes zusammenhängenden archäologischen Notgrabungen der Vorkriegszeit sorgten zwar für die Erforschung dieser Denkmäler, führten gleichzeitig aber zur weiteren Reduzierung ihrer Zahl. Heute sind vor allem diejenigen Hügelgräber(-gruppen) erhalten geblieben, welche in stark bewaldeten, feuchten und insgesamt schwer zugänglichen Gebieten liegen, wobei auch diese Denkmäler häufig durch unfachmännische Ausgrabungen stark beschädigt sind.

Eine weitere Denkmalgruppe bilden oberirdisch nicht sichtbare und daher schwer identifizierbare Flachgräberfelder und offene Siedlungen. Die bisherige Erfahrung zeigt, dass viele von diesen Fundstellen auch weiterhin inmitten der offenen Landschaft liegen. Ihre Relokalisierung scheint daher im Rahmen der Geländeprospektionen sowie der Fernerkundungsmaßnahmen auf den ersten Blick eine einfache Forschungsaufgabe zu sein. Da jedoch keiner der beiden Arbeitsansätze Bodeneingriffe beinhaltet, ist weder die nachweisliche Verifizierung der größtenteils sehr allgemeinen vorkriegszeitlichen Angaben zur Ausdehnung, Struktur und Datierung möglich, noch lässt sich der aktuelle Erhaltungszustand der Fundstellen feststellen.

Vor diesem Hintergrund lassen sich die Angaben in den alten Quellen oft nur durch Aussagen der heute im Arbeitsgebiet tätigen Archäologen wesentlich präzisieren. Auch bei diesem Schritt können wichtige, den aktuellen Forschungsanforderungen entsprechende Daten zu den vorwiegend vor, aber auch nach 1945 entdeckten Denkmälern den modernen Fachpublikationen und archäologischen Feldforschungsberichten entnommen werden. Neben den Flachgräberfeldern ist dieser Ansatz im Fall der offenen Siedlungen besonders effizient, da von den letzteren im Arbeitsgebiet vor 1945 nur sehr wenige bekannt waren.

Das GIS-Modell der archäologischen Landschaft (Basis-GIS)

Neben der Projektdatenbank stellt das mit ihr eng verzahnte und als »Basis-GIS« bezeichnete GIS-gestützte Modell der archäologischen Landschaft Ostpreußens ein von Modul 2 verantwortetes und von den Projektmitarbeitern in Zusammenarbeit mit der GIS-Abteilung des ZBSA erarbeitetes Forschungswerkzeug mit enormem Potenzial dar. Das Basis-GIS dient nicht nur der Sicherung und kartographischen Darstellung der in den Modulen 1 und 2 gewonnenen und verifizierten Angaben zu den rekonstruierten Fundstellen, sondern bietet zahlreiche Möglichkeiten für die weitere Auswertung und Erschließung der Daten an. Ursprünglich wurde der Schwerpunkt der Arbeiten auf das Sammeln, Digitalisieren und Einarbeiten von sämtlichen relevanten Rasterdaten in das Basis-GIS gelegt. Die im GIS-Modell als wichtigste topographische Arbeitsgrundlage dienenden Messtischblätter (TK 25) wurden bis 2018 flächendeckend georeferenziert und werden seither zum ersten Mal in der Forschungsgeschichte der Region mit weiteren vorkriegszeitlichen sowie modernen, öffentlich zugänglichen physikalischen, bodenkundlichen, geologischen, hydrologischen und sonstigen Karten der vor- sowie der nachkriegszeitlichen Periode verschnitten.

Derzeit wird die tragende Struktur des GIS-Modells auf ein prinzipiell neues Niveau gebracht. Erstmals werden anhand der Inhalte des im Basis-GIS gesammelten analogen Kartenmaterials flächendeckend Vektordaten für das ehemalige Ostpreußen erzeugt: Die Verwaltungseinheiten, z. B. administrative Grenzen von Kreisen, Bezirken und Gemeinden, sowie Landschaftselemente, z. B. Wassersysteme und Höhenlinien, werden sukzessive digitalisiert und anschließend editiert. Außerdem wurden die ostpreußischen Fundorte und die im Projekt bereits rekonstruierten und relokalisierten Fundstellen im Basis-GIS erfasst. Anschließend sind diese Basisdaten im GIS mit den vorhandenen Denkmallageskizzen aus den oben erwähnten Archiven angereichert worden, was eine wesentlich ausführlichere Darstellung und Analyse der vorkriegszeitlichen räumlichen Daten sowie die moderne Lokalisierung und Validierung der Denkmäler im Gelände ermöglichte.

Die Kombination der zugrundeliegenden vorkriegszeitlichen Karten und Pläne mit den darin enthaltenen Informationen mit modernen geografischen Daten ermöglichen eine Darstellung der Projektergebnisse in bislang nicht gekannter Qualität. Mit Hilfe des Basis-GIS wird die archäologische Landschaft auf das Vorhandensein von bestimmten Gesetzmäßigkeiten in der räumlichen Verteilung einzelner Denkmäler und ihrer funktionalen bzw. infrastrukturellen Verknüpfung im Arbeitsgebiet untersucht, was zur Vertiefung des modernen Verständnisses der Siedlungsstruktur und der Gründe der ungewöhnlichen Siedlungskontinuität im Untersuchungsgebiet führt.

Anhand des Vergleiches der digitalisierten topografischen, geologischen, hydrologischen und sonstigen Karten unterschiedlicher Forschungsperioden und Provenienz ist nun auch die 3D-Rekonstruktion der Landschaft für ausgewählte Regionen beispielsweise als Grundlage für Sichtbarkeitsanalysen möglich geworden. Der Ansatz der Computermodellierung der vorhistorischen Archäolandschaft wird in den folgenden Jahren im Projektkontext immer stärker in den Vordergrund treten und als Grundlage für die Rekonstruktion und Analyse der Siedlungsstrukturen dienen. Darüber hinaus liefert das GIS-Modell neben der Datenbank die technische Voraussetzung für die Veröffentlichung der Projektergebnisse in digitaler und analoger Form u. a. im »Archäologischen Atlas«.

Modul 3: Burgwall- und Siedlungsforschung im Baltikum (verantwortlich: Dr. Timo Ibsen)

Die im Projekt gemeinschaftlich erschlossene vorkriegszeitliche Quellenbasis, die in Modul 1 durch die Datenbankverwaltung gesteuert und in Modul 2 durch Prüfung der Fundstellen im Gelände und Sichtung neuerer Forschungsergebnisse bewertet und mittels Lokalisierung im GIS kartierbar wird, stellt als Grundlage für jegliche archäologische Auswertung die unterbrochene Forschungskontinuität wieder her. Allgemeines Ziel von Modul 3 ist die »Nutzung der so gewonnenen bislang unbekannten Ressourcen für eine international orientierte archäologische, zudem interdisziplinäre Grundlagenforschung« zur Untersuchung der Siedlungskontinuität, die durch diverse sekundäre Indikatoren anzunehmen ist. Dabei ist die durchgehende Belegung der Gräberfelder des ersten nachchristlichen Jahrtausends am markantesten. Entsprechende Siedlungsnachweise allerdings fehlen fast völlig, so dass diese Kontinuität nicht anhand der primären Denkmäler bestätigt werden kann. Als siedlungsrelevante Quellengruppe stehen deshalb die mehr als 430 nahezu unerforschten Burgwälle des Arbeitsgebietes im Vordergrund der Siedlungsforschungen in Modul 3. Erklärtes Ziel ist die Rekonstruktion der Siedlungsabläufe, vor allem der Eisenzeit (hier 500 vor bis 1250 nach Christus), durch eine integrierte Siedlungsforschung am Beispiel ausgewählter Siedlungskammern mit Burgwallzentrum. Dies setzt die Erschließung und Zusammenführung der burgwallbezogenen Informationen mittels Datenbank und GIS voraus, die durch moderne, interdisziplinäre Feldforschungen punktuell wesentlich erweitert werden.

Grundlage für jegliche räumliche Siedlungsforschung sind Informationen zur Lage, zum Charakter und zur Datierung der archäologischen Fundstellen in der Landschaft. Die stetig anwachsende Neukatalogisierung und -kartierung der Anlagen in Modul 3 erfolgt durch die Erfassung und Auswertung der diesbezüglichen Literatur- und Archivquellen. Parallel dazu galt es, angesichts der großen Zahl von mindestens 430 Anlagen im ehemaligen Ostpreußen zunächst eine schnelle, effektive Untersuchungsmethodik zu entwickeln (siehe unten), welche die zeitliche Einordnung möglichst vieler Burgwälle in ausgewählten Mikroregionen gewährleistet. Nach dem erfolgreichen Initialtest der Methode an den Wallanlagen von Grobiņa (Lettland) und Apuolė (Litauen) mit dem Einsatz von minimalinvasiven, motorgetriebenen Rammkernsonden[21] gelang bis 2018 die Profilrekonstruktion und C14-basierte Datierung von insgesamt neun Burgwällen im Kreis Fischhausen/Zelenogradskij Rajon im nordwestlichen Samland im Kaliningrader Gebiet Russlands. Die Ergebnisse führen zu einer völlig neuen Sichtweise auf diese Denkmälergruppe.

Entwicklung und Anwendung einer neuen Datierungsmethodik

Die Burgwallanlagen gliedern sich unabhängig von ihrer Funktion in diverse fortifikatorische Elemente. Dabei umfasst oder begrenzt der häufig mehrere Meter hohe charakteristische Wall aus Erde, Holz und seltener Steinen in einfacher oder mehrfacher Ausfüh-

21 Virse, Ingrida Līga, und Ritūms, Ritvars: The Grobiņa Complex of Dwelling Locations and Burial Sites, and Related Questions. In: Archaeologia Baltica 17 (2012), 34–42; Zabiela, Gintautas, und Ibsen, Timo: Apuolės piliakalnio rytinių įtvirtinimų zondavimas [The survey of the fortifications of Apuolė Hillfort]. In: Archaeologiniai tyrinėjimai Lietuvoje 2014 metais, Vilnius 2015, 122–127; Ibsen, Timo: Burgwälle als Archive der Siedlungsforschung. Ein neuer Ansatz zur Datierung von Burgwällen im Baltikum am Beispiel von Apuolė in Litauen. In: Archäologisches Korrespondenzblatt 48/2 (2018), 241–263.

Abb. 12: Burgwall Diewens/Gegend von Romanovo. Bohrarbeiten am Wall 2017.

rung, der als Abschnittswall oder als umlaufender Ringwall gestaltet sein kann, zusammen mit den meist begleitenden Gräben eine Innenfläche unterschiedlicher Größe.

Die Datierung erfolgt über einen komplexen Arbeitsprozess, dessen erster Schritt als neue Methodik die Untersuchung der Wallanlagen durch Rammkernsondierungen ist (Abb. 12). Mittels eines motorgetriebenen Bohrhammers wird dabei ein möglichst gut erhaltener Abschnitt des Wallsystems durch eine Reihe von in 1 m Abstand gesetzten, teils bis zu 10 m tiefen Einzelbohrungen untersucht. Jeder Bohrkern von 1 oder 2 m (Sonden-) Länge der bis zu 25 Einzelbohrungen pro Burgwall mit insgesamt ca. 80–100 Bohrmetern wird in Bohrprotokollen beschrieben, maßstabsgerecht fotografiert und schließlich schichtenweise beprobt, um datierbares Material aus den holzkohleführenden, anthropogen beeinflussten Schichten zu gewinnen. Im Anschluss an die Feldarbeit führt die digitale Verschneidung der Ergebnisse zu einem rekonstruierten Wallprofil. Darin fließen auf Grundlage einer Neuvermessung und dem daraus resultierenden digitalen Geländemodell alle einzelnen Bohrprotokolle, die fotogrammetrisch entzerrten Fotos der Bohrkerne und die Lage der gewonnenen Proben ein (Abb. 13). Gleichzeitig erfolgt die Aussortierung ausreichend großer Holzkohlestücke aus den durchschnittlich ca. 100 Erdproben. Aus den etwa 500 potentiell datierbaren Holzkohlen mit mind. 1–2 mm Größe werden nach der holzartlichen Bestimmung zur Vermeidung eines sog. old-wood-Effektes und der räumlichen Verortung dieser Ergebnisse in der digitalen Wallrekonstruktion pro Burgwall etwa 15–20 Proben in einem AMS-Labor datiert und führen so zu einer zeitlichen Einordnung der fortifikatorischen Elemente der Anlage.

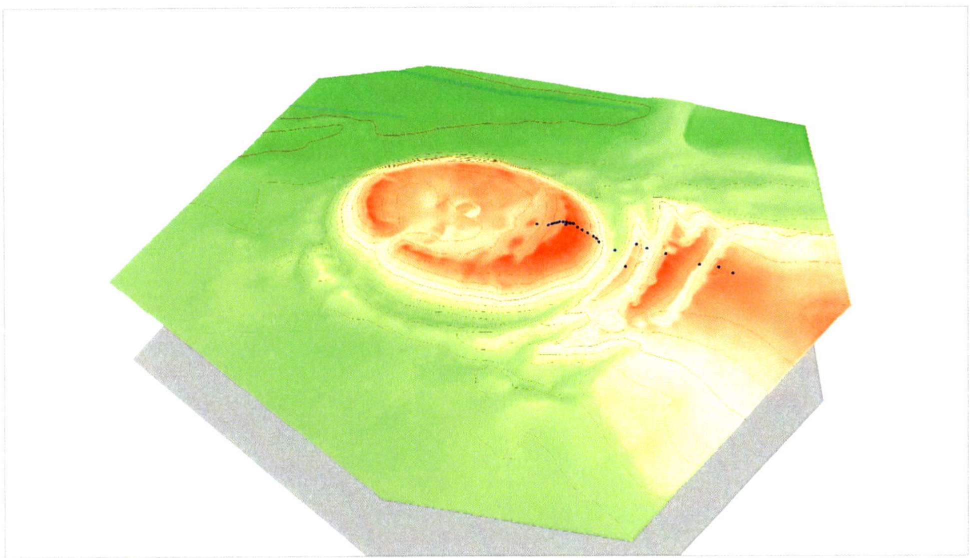

Abb. 13: Burgwall Ellerhaus/Gegend von Russkoe. Geländemodell mit Markierung der Bohrpunkte in Blau.

Die räumliche Verteilung der Datierungen folgt offensichtlich einer logischen Stratigraphie von unten = alt nach oben = jung und bildet klare räumliche Schwerpunkte im Wall. Zusätzlich steigt die Wahrscheinlichkeit, dass die als *terminus post quem* zu verstehenden Datierungshinweise der in den Wallschüttungen abgelagerten Holzkohlen einen realistischen Datierungsansatz darstellen, mit jeder weiteren, in die gleiche Zeitscheibe datierten Anlage statistisch an.

Platz- oder Siedlungskontinuität? Ergebnisse der Burgwalldatierungen im Samland

Die bereits auf das 19. Jahrhundert zurückgehenden, im Projekt auf digitaler Basis im GIS optimierten Kartierungen der Burgwälle zeigen auffällige Konzentrationen in der räumlichen Verteilung. Sie reihen sich erwartungsgemäß an Flüssen wie Pregel und Alle, an Flussmündungen und -übergängen, bspw. bei Tilsit nahe der Memel, an überregionalen Verkehrswegen oder in Regionen mit besonderer Rohstoffverfügbarkeit. Eine solche ist mit dem Bernstein auf der samländischen Halbinsel gegeben. Hier lagern die weltweit größten Bernsteinvorkommen, die seit der Steinzeit von der lokalen Bevölkerung genutzt und spätestens seit der Bronzezeit über ganz Europa verhandelt wurden. Seit der Römischen Kaiserzeit ist der Handel mit Bernstein schriftlich belegt und wird im Samland durch das gesamte erste nachchristliche Jahrtausend hindurch an den reich ausgestatteten, oft kontinuierlich belegten Gräberfeldern mit zahlreichen Importfunden sichtbar. Dem-

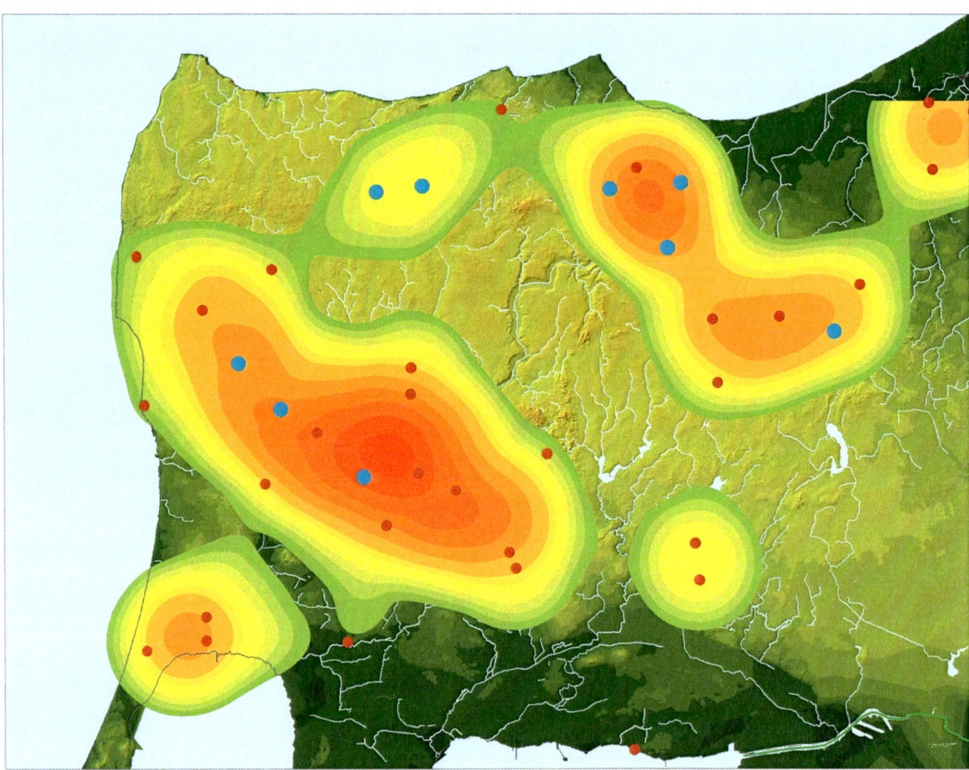

Abb. 14: Verteilung der Burgwälle im Samland mit Indikation der Dichte; blau markiert sind die durch Bohrungen untersuchten Burgwälle.

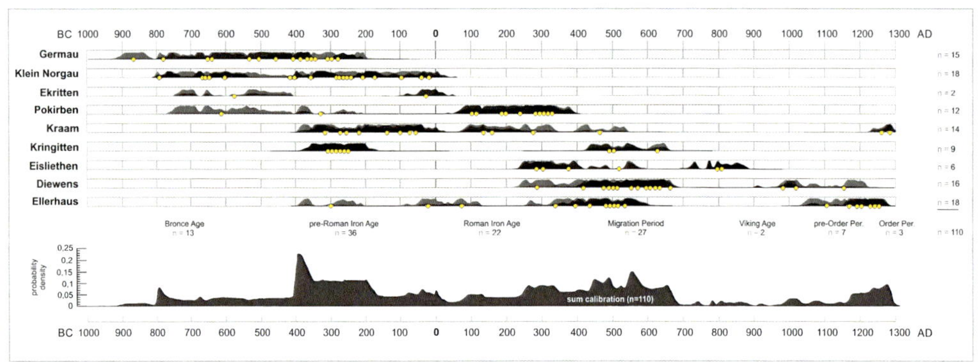

Abb. 15: Ergebnisse der Burgwalldatierungen im Samland.

entsprechend weist das Samland auch die größte Konzentration an Burgwällen auf, die in Kombination mit der hier besonders intensiven Forschungsgeschichte und dem daraus resultierenden, vergleichsweise guten Quellenbestand eine optimale Untersuchungsregion darstellt.

Die Darstellung der Distanz zwischen den insgesamt 38 Denkmälern zeigt diese besondere Dichte an Burgwällen im Samland (Abb. 14), suggeriert aber andererseits eine Gleichzeitigkeit der Anlagen, die aufgrund der im Projekt erfolgten Datierungen an immerhin neun Burgwällen nun in ein chronologisch wesentlich differenzierteres Bild aufgelöst werden kann. Dabei zeigen sich insgesamt sieben lokale Schwerpunkte, die rings um das offensichtlich auch sonst relativ fundstellenfreie Alkgebirge in der Mitte der Halbinsel gruppiert und hier besonders auf den Endmoränenzügen anzutreffen sind.

Abb. 15 zeigt die im Samland in den Jahren 2014 bis 2018 untersuchten Burgwälle mitsamt der im 2-Sigma-Bereich (95,4 % Wahrscheinlichkeit) angegebenen AMS-Datierungen auf einer Zeitskala von 1000 v. Chr. bis 1300 n. Chr.[22] Die jeweiligen in Oxcal mittels »plotstack«-Funktion generierten grauen Datierungszeiträume drücken dabei für jeden Burgwall die zeitliche Intensität aus: Je schwärzer die Kurve, desto mehr gleiche Datierungszeiträume überlagern sich. Die gelben Punkte markieren zusätzlich die gemessenen Radio-Karbon-Alter der Einzelproben, deren Anzahl rechts neben der Tabelle summiert ist (n = x). Unterhalb der Zeitskala ist unter Angabe der archäologischen Periode und der dazugehörigen Anzahl an Einzeldatierungen die Summenkalibrationskurve für alle bisherigen 110 AMS-Ergebnisse abgebildet.

Vor allem der Beginn der Burgwälle in der ausgehenden Bronzezeit bei immerhin vier Anlagen (Germau/Russkoe, Klein Norgau/Medvedevo, Ekritten/Sirenevo, Pokirben/Bogatoe) mit insgesamt 13 Datierungen ist gegenüber älteren Forschungsarbeiten überraschend. Bisher wurde dem Gros der Burgwälle der Untersuchungsregion eine sehr viel spätere Entstehung im frühen Mittelalter unterstellt, nur für wenige Anlagen wurde eine früheisenzeitliche Entstehung diskutiert.[23] Andererseits sind vor dem Hintergrund der jüngsten, ebenfalls C14-gestützten Forschungen in den Nachbarregionen wie Polen und vor allem den drei baltischen Staaten Litauen, Lettland und Estland die frühen Datierungsansätze ab der ausgehenden Bronzezeit auch im Samland zu erwarten gewesen und nun durch das Projekt mehrfach belegt.[24] Offenbar haben auch und gerade hier im Zusammenhang mit dem prosperierenden Bernsteinhandel Agglomerationen

22 Ibsen, T.: Spatial and temporal distribution of hillforts on the Sambian peninsula in Russia. In: Ibsen, Timo, Ilves, Kristin, Maixner, Birgit, Messal, Sebastian, und Schneeweiß, Jens: (Hrsg.): Fortifications in their Natural and Cultural Landscape: From Organising Space to the Creation of Power (Schriften des Museums für Archäologie Schloss Gottorf, Ergänzungsreihe 15). Bonn 2022, 141–166.

23 La Baume, Wolfgang: Die früheisenzeitlichen Burgwälle im Grenzgebiet zwischen Ostgermanen und Alt-Preussen. In: Altpreußen 3, H. 4 (1939), 105.

24 Vitkūnas, Manvydas, und Zabiela, Gintautas: Baltic hillforts: unknown heritage. Vilnius 2017, 84; Podenas, Vytenis: Emerge of hilltop settlements in the southeastern Baltic: new AMS 14C dates from Lithuania and revised chronology. In: Radioncarbon 62/2 (2019), 10.

von Gütern zu sozialen Spannungen und damit einhergehendem, erhöhtem Schutzbedürfnis geführt, wenn man die Burgwälle in ihrer Funktion vor allem auf diesen Aspekt zurückführt.

Ein erster deutlicher zeitlicher Fokus liegt mit 36 Einzeldatierungen in der Vorrömischen Eisenzeit. Die beiden Burgwälle von Germau und Klein Norgau südlich des samländischen Höhenrückens bestehen weiter, für Ellerhaus/Gegend von Russkoe deutet sich dies nur durch ein einzelnes Datum an. Die Anlagen von Kraam/Gračëvka und Kringitten/Kulikovo dagegen, nördlich des Alkgebirges gelegen, entstehen offenbar erstmals in dieser Zeit. Ein einzelnes Datum für Pokirben verweist auf eine Gleichzeitigkeit mit dem nur 2 km entfernten Burgwall von Kraam und lässt so einen funktionalen Zusammenhang beider Anlagen vermuten.

Die Römische Kaiserzeit, im Samland bislang vor allem durch reiche Gräberfelder der Dollkeim-Kovrovo-Kultur bekannt,[25] bildet nun mit 22 Datierungen von sieben Burgwällen zusammen mit den 27 Datierungen der anschließenden Völkerwanderungszeit von fünf Anlagen völlig unerwartet die intensivste Phase des Burgenbaus im Samland. Diese Ergebnisse revolutionieren die bisherige Sichtweise auf diese dominanteste Kultur der Region. Als Erklärung bietet sich wiederum der Bernsteinreichtum der Region an. Offenbar erzeugte dessen Export in südliche Landschaften in der Ursprungsregion enormen Reichtum bei der diesen Handel kontrollierenden Elite, was an den vielen Importgütern bspw. aus dem römischen Milieu in den Gräbern dieser Zeit sichtbar wird. Andererseits scheint dadurch auch der Bau von schutzbietenden und machtsichernden Burganlagen nötig gewesen zu sein.

Während die Wikingerzeit mit nur zwei Datierungen von den Burgwällen Eisliethen/Gegend von Gerojskoe und Diewens/Gegend von Romanovo unterrepräsentiert ist, sind die Burgwälle Kraam, Diewens und Ellerhaus mit insgesamt zehn Datierungen der Vorordens- und Ordenszeit Beleg für die Nutzung von Befestigungen in dieser Zeit.

Zusammen mit chronologischen Informationen aus Forschungen der vorkriegszeitlichen und der sowjetischen Forschungsperiode an einigen der insgesamt 30 samländischen Burgwälle erlauben es die neuen Datierungen im Projekt, ein vorläufiges Modell zur zeitlichen Entwicklung zu entwerfen. Seit der ausgehenden Bronzezeit hat fast jede Siedlungskonzentration des Samlandes mindestens einen Burgwall aufzuweisen. Dies bedeutet, dass in jeder dieser vermutlich als Siedlungskammern zu verstehenden Zonen zu jeder Zeitscheibe mindestens ein Burgwall, nicht selten auch Paare oder Gruppen, aktiv genutzt wurde. Tatsächlich scheinen also die aktuellen Burgwalldatierungen die kontinuierliche Nutzung einzelner Siedlungskammern und damit eine Siedlungskontinuität anzuzeigen. Für die in Modul 3 zu untersuchende Siedlungskontinuität bedeuten diese Aus-

25 Nowakowski, Wojciech: Das Samland in der römischen Kaiserzeit und seine Verbindungen mit dem römischen Reich und der barbarischen Welt (Veröff. Vorgesch. Sem. Marburg, Sonderbd. 10). Marburg-Warszawa 1996; Chilińska-Früboes, Agata: Fibel, Tracht und Interkulturalität – Die Dollkeim/Kovrovo-Kultur der älteren Römischen Kaiserzeit im nördlichen Ostpreußen (Studien zur Siedlungsgeschichte und Archäologie der Ostseegebiete 18). Mainz 2020.

sagen das im Arbeitsgebiet lange fehlende Grundgerüst zum Verständnis der Siedlungsdynamik. Dieses gilt es mit den in der Projektdatenbank rekonstruierten Fundstellen bis 1945 und mit neuen Forschungsergebnissen nach 1945 zu einem umfassenden Modell der Siedlungsentwicklung weiterzuentwickeln. Dies wird vorrangige Aufgabe der nächsten Jahre sein.

Bereits im Jahr 2018 wurde der geografische Fokus der Bohruntersuchungen verlegt, da das Samland im Zuge der politischen Großwetterlage für ausländische Forscher vorläufig nicht mehr zugänglich ist. Eine neue Untersuchungsregion liegt südlich des Samlandes an der nördlichen Küste des Frischen Haffs in einem Radius von etwa 5–6 km um die schriftlich erwähnte, ursprünglich prussische Burg Balga, die vom Deutschen Orden im Jahr 1239 erobert wurde. In den Schriftquellen werden von den Prussen errichtete Gegenburgen zur Rückeroberung beschrieben, von denen die Anlage von Partheinen, die 2 km entfernte Anlage von Stuthenen sowie der 5 km entfernte Burgwall von Warnikam in den Jahren 2019 und 2020 untersucht wurden. Letzterer steht vermutlich in Verbindung mit einem reich mit Importen ausgestatteten Gräberfeld der Völkerwanderungszeit in direkter Nähe, das aufgrund der Lage und der reichen Funde als Kontrollpunkt der sog. Bernsteinstraße interpretiert wird. Aufgrund der aktuellen politischen Situation ist der Schwerpunkt der Feldforschungen ab dem Jahr 2022 auf die Region am nördlichen Ufer der unteren Memel und damit nach Litauen verlegt worden. Auch hier werden wichtige Ergebnisse zur Datierung von Burgwällen erwartet.

Publikationskonzept

Von Beginn an verfolgte das Projekt eine zweigleisige Publikationsstrategie aus analogen und digitalen Formaten. Für das analoge Format steht die Reihe der »Studien zur Siedlungsgeschichte und Archäologie der Ostseegebiete«, in der seit 2012 bis 2022 insgesamt zehn Bände vorgelegt werden konnten. Ebenfalls analog werden methodische Vorstudien und Einzelergebnisse aus der Projektarbeit in den relevanten nationalen und internationalen Fachorganen publiziert.[26] Für das digitale Format steht die Datenbank »prussia museum digital«. Als zentrales Instrument zur Verwaltung und Recherche aller archäologischen Informationen zu Ostpreußen bietet sie der Forschung nachhaltige und ständig aktualisierte wissenschaftliche Daten in einem Onlineportal. Der »Archäologische Atlas« schließlich wird in einer abschließenden Projektphase in seiner hybriden Konzeption beide Formate bedienen.

26 Ein umfassender Nachweis der entsprechenden Publikationen unter: www.akademieprojekt-baltikum.eu/publikationen.html (Zugriff am 1.8.2023).

Das Projekt im Netzwerk baltischer Archäologie

Wichtige Garanten für eine erfolgreiche und nachhaltige Umsetzung des Vorhabens über die wissenschaftlichen Arbeiten hinaus sind eine enge fachliche Kooperation auf nationaler wie internationaler Ebene, eine langfristige Förderung des wissenschaftlichen Nachwuchses und eine effiziente Kommunikation und Präsentation nach innen und nach außen.

Der Wissenschaftliche Beirat

Der Wissenschaftliche Beirat (Scientific Advisory Board) ist das zentrale Gremium zur Vernetzung des Projekts im Arbeitsgebiet. Er besteht aus wichtigen Vertretern und Vertreterinnen der archäologischen Institutionen der Partnerländer bzw. der heutigen Nationalstaaten auf dem Gebiet Ostpreußens und tritt alle drei Jahre zusammen. Zum Gremium gehören drei Kolleginnen: Anna Bitner-Wróblewska (Polen), Audronė Bliujienė (Litauen) und als Vorsitzende Carola Metzner-Nebelsick (Deutschland) sowie fünf Kollegen: Valter Lang (Estland), Wojciech Nowakowski (Polen), Nikolai A. Makarov und Nikolai A. Krenke (beide Russische Föderation; zurzeit ruhend) sowie Arnis Radinš (Lettland) (Abb. 16). Der Beirat berät das Projekt bei der wissenschaftlichen Umsetzung der Ziele sowie der operativen und strategischen Abwicklung der Arbeiten.

Vernetzung

Für eine erfolgreiche Umsetzung der Ziele im Vorhaben bedarf es einer engen Verbindung mit externen nationalen und internationalen Einrichtungen und Forschungsprojekten. Von der Deutschen Forschungsgemeinschaft wurden zwei Projekte des MVF Berlin unter Leitung von M. Wemhoff und Kollegen der Humboldt-Universität bzw. der Freien Universität Berlin gefördert, die sich mit der Bearbeitung der in Berlin aufbewahrten archäologischen Funde aus dem ehemaligen Ostpreußen befasst haben. Unter dem Titel »Das südwestliche Baltikum im 9. bis 15. Jahrhundert n. Chr.« standen von 2011 bis 2014 die Objekte der Späteisenzeit und des Mittelalters (Bearbeitung: N. Goßler (†)/Chr. Jahn) sowie von 2015 bis 2018 unter dem Titel »Das Gebiet des ehemaligen Ostpreußens während der römischen Kaiserzeit und Völkerwanderungszeit« die Objekte des 1. bis 7. Jh. n. Chr. im Fokus. Die wissenschaftliche Vorlage dieses bis dahin weitgehend unbekannten Quellenbestands (u. a. Trachtschmuck, Reitzubehör und Waffen) stellt einen wichtigen Baustein für die aktuelle Forschung dar. Die Projekte umfassten vor dem Hintergrund der spezifischen Überlieferung die Re-Identifizierung der Funde und die Wiederherstellung der Fundkontexte sowie deren wissenschaftliche Neubewertung. Mit diesen Untersuchungen wurde ergänzend zum Akademievorhaben ein archäologischer Fundbestand erforscht, der nicht im Zentrum der siedlungsarchäologischen Untersuchungen steht, jedoch für die Gesamtbewertung der kulturhistorischen Entwicklung in Ostpreußen eine große Rolle spielt. In den Projekten wurden mehr als 18300 Objekte dokumentiert und bearbeitet. Nach Abschluss der Arbeiten sind alle Funddaten inzwischen in die Projektdatenbank »prussia museum digital« migriert und dort verknüpft worden.

Abb. 16: Gruppenfoto der dritten Beiratssitzung 2019 in Berlin (von links: C. von Carnap-Bornheim, H. Eilbracht, D. Rohwäder, J. Prassolow, A. Sirkin, N. Makarov, A. Bitner-Wróblewska, W. Nowakowski, V. Lang, M. Wemhoff, A. Bliujienė, C. Metzner-Nebelsick, T. Ibsen, C. Hergheligiu, S. Kriesch).

Ein wichtiger Partner im Hinblick auf den Fundbestand des ehemaligen Prussia-Museums ist das heutige Kaliningrader Gebietsmuseum für Geschichte und Kunst. Im Rahmen eines Kooperationsvertrages zwischen diesem und dem Museum für Vor- und Frühgeschichte Berlin standen die vor Ort aufbewahrten Funde aus der Vorkriegszeit für die Aufnahme in das Akademievorhaben zur Verfügung und wurden in gemeinsam geplanten und durchgeführten Projekten für die Forschung sukzessive erschlossen (Kooperation zurzeit ruhend). Als weitere relevante Institution gehörte das Archäologische Institut der Russischen Akademie der Wissenschaften Moskau (Kooperation zurzeit ruhend) zu diesem Netzwerk. Das Archäologische Institut der Universität Warschau bzw. das Archäologische Museum Warschau und die Universität Klaipėda sowie das Litauische Nationalmuseum in Vilnius zählen zum baltischen Netzwerk des Akademieprojekts.

Ein gemeinsames fachliches Anliegen in der Region ist die Burgwallforschung. Um die bestehenden diversen Netzwerke zu verstetigen, etablierte Timo Ibsen 2018 zusammen mit Sebastian Messal (DAI Berlin) und Lennart Linde (Universität Frankfurt am Main) die »Community on Fortification Research (COMFORT)« im Rahmen der »European Association of Archaeologists (EAA)«. Diese Forschergemeinschaft organisiert den Austausch zwischen Fachkolleginnen und -kollegen auf internationaler Ebene u. a. durch regelmäßige Sessions auf den Jahreskonferenzen der EAA (seit 2016) und durch Workshops zu aktuellen Fragen der Burgwallforschung. Ein erster COMFORT-workshop mit dem Titel »The setting of fortifications in the natural and cultural landscape« wurde von Timo Ibsen zusammen mit Birgit Maixner und Sebastian Messal im März 2020 in Schleswig organisiert und führte Archäologinnen und Archäologen aus Russland, Norwegen, Finnland und Deutschland zusammen. Die Publikation der Vorträge ist 2022 erschienen.[27]

In enger Verbindung steht das Akademievorhaben auch mit anderen akademischen und öffentlichen Partnern, die in der Region Ostpreußen wissenschaftlich und historisch arbeiten. Dazu zählt die international besetzte »Kommission zur Erforschung von Sammlungen Archäologischer Funde und Unterlagen aus dem nordöstlichen Mitteleuropa (KAFU)«. Mit der Teilnahme und mit Vorträgen bei den regelmäßigen Tagungen der KAFU wird diese Plattform zum Austausch innerhalb der Fachcommunity aktiv durch das Vorhaben genutzt. Intensive Kontakte bestehen darüber hinaus zu Institutionen wie der PRUSSIA, Gesellschaft für Geschichte und Landeskunde Ost- und Westpreußens e.V., dem Kulturzentrum Ostpreußen und der Landsmannschaft Ostpreußen bzw. ihren Kreisgemeinschaften. Mit diesen Verbindungen, u. a. zur Kreisgemeinschaft Fischhausen in Pinneberg, gelang die Wiederentdeckung von projektrelevanten archäologischen Materialien und die Bereitstellung dieser unbekannten Quellen für die internationale Forschung.

Abschluss

»Kriegsbedingt zerstört – wissenschaftlich rekonstruiert«: Leider formuliert der Titel der Oskar-Halecki-Vorlesung des Jahres 2021 ein Phänomen, das auch die Archäologie in all ihren Facetten schon seit Jahrzehnten begleitet. Kriege und gewaltsame Auseinandersetzungen betreffen immer wieder auch das kulturelle Erbe und dies auf sehr unterschiedlichen Ebenen und in unterschiedlichen Intensitäten. Nur selten wird uns bewusst, welche intellektuelle Kraft, welch finanzieller Aufwand und auch welcher personelle Einsatz investiert werden muss, um solche Schäden auch nur ansatzweise zu beheben. Das hier vorgestellte Langzeitprojekt zur Rekonstruktion der archäologischen Fundlandschaft des ehemaligen Ostpreußen bis zum Jahr 1945 und seine Einbindung in die aktuelle Forschung belegt den Wert und die Bedeutung einer solchen Aufgabe. Es ist eine besondere Tragik des überlieferten Archiv- und Fundmaterials, dass es – ausgelöst durch die Zerstörungen des 2. Weltkrieges – zunächst in die Mühlen des Kalten Krieges geriet und in dunkeln Kellern und nicht zugänglichen Archiven verschwand. Erst das neue politische Klima seit den 1990er Jahren ermöglichte es, hier wissenschaftlich anzusetzen und die umfangreiche Aufarbeitung zu organisieren und auf ihre wissenschaftliche Tragfähigkeit hin zu evaluieren. Und nun stehen wir seit dem Februar 2022 vor einer neuen Eiszeit in der Ostmitteleuropaforschung, die auch die Archäologie in weiten Teilen und gerade in der internationalen Zusammenarbeit erfasst hat. Hoffen wir, dass dieser traurige Abschnitt ein baldiges Ende finden mag.

27 Ibsen et. al., Fortifications (wie Anm. 22).

Bildnachweis

Abb. 1: Aufnahme um 1910, Fotograf unbekannt
Abb. 2: Foto: Staatliche Museen zu Berlin, Museum für Vor- und Frühgeschichte, Foto: Claudia Klein.
Abb. 3: Grafik: Akademieprojekt.
Abb. 4, 6, 8: Grafik: S. Kriesch (Berlin).
Abb. 5: Grafik: Base maps: GIS-Abteilung, ZBSA Schleswig; Data: Akademieprojekt.
Abb. 7: © Museum für Vor- und Frühgeschichte Berlin.
Abb. 9: Foto: H. Wieder (Berlin).
Abb. 10, 11, 14: Grafik: Base maps: GIS-Abteilung, ZBSA Schleswig; Data: Akademieprojekt.
Abb. 12: Foto: T. Ibsen (Schleswig).
Abb. 13: Grafik: I. Shodnov (Kaliningrad).
Abb. 15: Nach Ibsen, Spatial and temporal distribution (wie Anm. 22), fig. 5.
Abb. 16: Foto: S. Heisig (Berlin).